Christoph Jaskulski

Die Dämmlüge und das 100% Haus

Die Baurevolution

Bibliografische Information der Deutschen Nationalbibliothek:
Die Deutsche Nationalbibliothek verzeichnet diese Publikation in der Deutschen
Nationalbibliografie; detaillierte bibliografische Daten sind im Internet über http://
dnb.dnb.de abrufbar.

Titelbild: Foto Jaskulski - Passivhäuser Ostwestfalen

Herstellung und Verlag: BoD – Books on Demand, Norderstedt

ISBN: 978-3-7386-46016

Inhalt

Vorwort

1.**Text** Es gibt viele Überschriften, die in meinem Kopf herumgeisterten! „Die Baurevolution!" „Vom Missbauen zum Bauen!" Die U-Wert-Wende! Die Überschriften ändern sich ständig. Am 10.Juni 2019 kam mir der Stopp des Dämmbaustils und das 100 Prozenthaus in den Sinn!

„Die Dämmlüge und das 100% Haus ist eine klare Benennung! Das Dämmen lassen wir hinter uns. Das 100% Haus ist die Zukunft!

Am 2.Mai 2019 war das erste Jahr, der Baurevolution vorüber.

Auf meiner Website waren viele Menschen. Es gab weder Kritik, noch irgendwelche negativen Bemerkungen!

Ein *Lipperländer Architekt*, ist meine größte Ausbeute im letzten Jahr. Er ist ein Volltreffer! Er gibt mir die Gewissheit, dass der Zeitpunkt, der Baurevolution richtig ist! Das ich als Maurermeister, einen Diplom-Ingenieur und Architekten gewinne, macht die Sache noch größer!

Das Haus, hat die Pflicht zu funktionieren! Wer es baut, hat die Pflicht, die Jahrzehnte lange Funktionalität zu gewähren. Keine **2, 4 oder 5 Jahre Gewährleistung, sondern 10 oder 20 Jahre, auf die wichtigsten Bauteile!**
Dazu gehören meiner Meinung nach, das Mauerwerk, die Fassade, der Dachstuhl, das Dach und die Bauwerksabdichtung.
Kommt ein Investor, werde ich genügend Menschen finden, mit denen ich das 100 Prozent-Haus errichte! Ich wecke den Ehrgeiz der Meister! 108 Texte werden das Bauen nachhaltig verändern!

Hier schreibt sich ein Maurerherz, alles von der Leber!

Unzählige Bautechniken werden seit Jahrzehnten nicht hinterfragt, weil sie sehr viel Geld einbringen!

Ich werde mit diesem Buch sehr vielen Menschen auf die Füsse treten, eventuell beleidigen, beschuldigen oder Betrüger nennen.

Dafür entschuldige ich mich!

Ich werde mit diesem Buch gleichzeitig sehr vielen Menschen, viele Informationen geben, damit sie endlich das Haus erhalten, was sie sich wünschen! Wirkliche Nachhaltigkeit beim Bauen gibt dem Sondermüll keine Chance!

Mit der Dämmlüge spreche ich zu allererst die Männer an! Sie haben das Bauen auf dem Gewissen! Ich überlasse es nicht den Frauen, den Baumist der Männer weg zu räumen! Ich brauchte 7 Jahre und der Architekt 12 Jahre, um hinter das Missbauen zu kommen! Ich habe den richtigen Arsch in der Hose und werde es anfassen! Die Baurevolution ist für alle Menschen!
Deswegen halte ich die Texte kurz! Jeder kann sich über die Überschriften orientieren.

***„Das Buch mit dem größten Mehrwert, weltweit!
Weiter Minus-Billionen oder Plus-Billionen?"***

***Diese 7 Prinzipien sollten sich alle Menschen, an den Spiegel schreiben, wo sie jeden Morgen reinschauen! Sie sind die Grundlage für Alles:
Einheit - Liebe - Leben - Respekt - Aufrichtigkeit - Gerechtigkeit - Güte***
Für mich ist das Thema Bauen seit 2007 so emotional, dass ich viele Freunde, Bekannte und meine Ehe verschlissen habe!
Ich kann nichts mehr verlieren! Denn meine Seele behalte ich immer! Sie kommt immer wieder!

Klarstellung

Alle in diesem Buch enthaltenen Angaben, Daten, Ergebnisse und Empfehlungen, wurden vom Autor nach bestem Wissen und Gewissen erstellt. Inhaltliche Fehler sind nicht vollständig auszuschließen. Dementsprechend übernimmt der Autor, keinerlei Verantwortung und Haftung, für etwaige inhaltliche Unrichtigkeiten.
Jedes Haus ist einmalig und beansprucht die gesonderte Behandlung, Beratung, Planung und Ausführung!

Wieso Baurevolution, fragen die Menschen? Überall wird gebaut! Es gibt kaum Kritik! Große Bauskandale?
Scheinbar gab es die nicht bis auf die wenigen, wie z. Bsp. der Berliner Flughafen, die Elbphilharmonie oder Stuttgart 21? An die haben wir uns schon gewöhnt! Ist mit dem Bauen etwas nicht in Ordnung? Soll etwas falsch sein? Ja, es ist falsch! Weil niemand mehr genau hinschaut! Wir sind durch Medien, TV und Smartphone total abgelenkt.
Dadurch verlieren die Menschen den Überblick, was wirklich vor sich geht. Nur wer sich über Jahre hinweg, kritisch mit einer Sache auseinandersetzt, erfährt was wirklich stattfindet.
Auf den Punkt gebracht, ist das heutige nichtfunktionierende theoretische U-Wert-Bauen das:

-        unnatürlichste
-        gesundheitsgefährdenste
-        bauschadenträchtigste
-        kostenintensivste
-        unwirtschaftlichste

Sondermüllbauen in der Jahrtausend alten Baugeschichte!
Hinter jedem Schlagwort könnte ich ein Buch schreiben!
Es gibt weder eine Heizkosteneinsparung, noch wird das Klima gerettet!
Die unzähligen Beweise, Fotos, sind für jeden sichtbare Erkenntnisse, und meine jahrelangen Kontrollen lassen nur diese eine Maßnahme zu!
Die Baurevolution!
Sie hat längst begonnen und kaum einer bekommt sie mit. Die Natur schickt den Schimmel, die Feuchtigkeitsschäden und die überhand-nehmenden Bauschäden in unsere Wohngebäude.
Noch sind nicht alle Kritiker gestorben oder haben sich zurück gezogen.
Die Natur und die beispiellose Ordnung im Universum lassen sich immer mehr einfallen, bis wir zur Besinnung kommen.
Mit Wissen und Können befreit sich der Mensch, so wie ich! Allerdings, war es anders herum. Zuerst kam das Können und dann das Wissen. Theoretiker, die nie einen Stein in der Hand hatten, haben nur „Wissen". Und wenn sie das Wissen manipulieren, dann holt sie das Können irgendwann ein. Jetzt!
Ich lege den Schalter um! Im Mai 2018 startete ich mit der Baurevolution und lud dazu die Website: *www.die-baurevolution.de* hoch! Ein Jahr läuft die Baurevolution. Kein Aufschrei, keine Kritik! Rückzug von mir? Niemals! Ich hatte großen Respekt, die Baurevolution zu starten!

Mit bisschen Ironie sage ich danke, dass ich das letzte Jahr so erleben durfte! Was ist das? Ignoranz von den Dämmern? Aussitzen? Wie soll ich das verstehen? Mit dem geschriebenen Wort beginnt jetzt erst recht die Baurevolution! Versprochen!

3. Bewusstsein ändern!

Ich bin Maurermeister! Nur? Aber jemand mit 40jähriger praktischer Erfahrung. Leonardo da Vinci hat schon gesagt, „Die Erfahrung ist die Mutter aller Gewissheit!" In den letzten 20 Jahren erfolgte der Bauwandel, vom offenen, man sagt auch, atmungsaktiven Bauen, zum dichten Bauen! Für den Großteil der Menschen unbemerkt. Die Dämmplatten auf den Außenwänden waren anfangs 5 cm dick. Die Industrie, sah ihre Profitchance und trieb die Dämmstärken bis 35 cm. 35 cm Polystyrol (Styropor)! 35 cm Sondermüll!
Im Jahr 2000 bekam ich den Maurermeistertitel. Es dauerte 7 Jahre, bis ich bei einem Seminar, das Bauen um die Ohren bekommen habe. Mein Bewusstsein, bis dahin alles richtig gemacht zu haben, war auf einen Schlag dahin. Einen Anbau meines eigenen Hauses hatte ich 1998 gedämmt. Ich hatte auf einen Malerfachbetrieb gehört, ohne selbst den gesunden Menschenverstand einzuschalten. Beim Seminar hatte ich meinen gesunden Menschenverstand mit! Ich habe alles verstanden. „Dicht bauen ist dumm!", „Es wird falsch geheizt!" und es wird „ein falscher Wert benutzt!" Nun konnte ich mir überlegen, ob ich so weiter „falsch" baue oder alles ändere! Ich entschied mich, dem Bauen auf den Grund zu gehen. Die Fachliteratur lesen, anfangen die Theorie zu verstehen, mit Baukritikern diskutieren und die Uni-Bibliothek in Hannover durchforsten!
Das mein Handwerk, mein Bauen, so verraten wurde, konnte ich nicht verstehen. Meine ganze Wut, packte ich 2009 in mein erstes Buch, *„Dämmbaustil oder Baumeisterkunst?"* Nun 10 Jahre später, ist die große Wut zwar verflogen! Es ist und bleibt unbegreiflich, was eine Gesellschaft zugelassen hat! 10 Jahre ist das Buch auf dem Markt! Ein sehr gut bezahlter Job oder Auftrag, hätten mich sicher ausgebremst! Den Pfusch nicht mehr mitmachen, kostete mich viele Aufträge. Das Positive? Es war ein konträres Buch! So lernte ich viele Kritiker kennen. Durch andere Bautechniken erweiterte sich mein Können und ganz nebenbei mein theoretisches Wissen immens. Ich verstand immer mehr das falsche Heizen und vieles mehr! Dadurch konnte ich die wichtigen bauphysikalischen Zusammenhänge erkennen!
Und nun! 40 Jahre Bau und nebenbei 12 Jahre echtes und wahres Baustudium! Mit der geschriebenen Baurevolution wird sich niemand mehr dem richtigen Bauen entziehen können! Jeder bekommt den Blick auf das ganzheitliche, liebevolle, lebendige, der Natur und dem Menschen

gegenüber, respektvolle und aufrichtige, gütige und gerechte Bauen nahe
gelegt!

4. Das Haus klagt an!

Das Haus, die Wohngebäude sind über Jahrtausende entstanden!
Über die letzten Jahrhunderte, konnte sich das Wohnhaus in Ruhe über
die Baustile entwickeln. In nur ein bis zwei Jahrzehnten, fällt nun das Haus

Foto: Jaskulski

dem menschlichen Ego zum
Opfer! Das Fotos zeigt, diesen
tragischen Umstand! Das rechte
Haus ist sicher nach dem Krieg
entstanden! Leider nur mit der 24
cm dicken Wand. Der sehr gut
funktionierende Kratzputz, reisst in
den Trägerbereichen, sonst ist er
etwas schmutzig, aber perfekt. Es
reicht völlig aus, den großen
Fensterbereich mit hinterlüfteter
Konstruktion, instand zu setzen.
Das linke Haus ist nachträglich
gedämmt. Die Funktionalität der
Dämmung muss in Frage gestellt
werden.

Man kann nur hoffen, dass die Eigentümer des Hauses, noch rechtzeitig
von der Baurevolution und der Dämmlüge erfahren!
Nur wenige Menschen, haben das Bauen mit ihrem studierten
Bauphysikwissen an die Wand gefahren.
Ein herausragender Bauphysiker, *Prof. Claus Meier*, hat bis zu seinem
Ableben gekämpft und versucht, das nachweislich funktionierende Bauen
zu erhalten. Unzählige Schriften hat er verfasst! In seinen Büchern,
„Richtig Bauen" und *„Phänomen Strahlungsheizung"*, deckt er
schonungslos das Missbauen auf. Er zeigt mit dem U-Wert effektiv auf,
dass ein funktionierendes Bauen möglich ist.
Seine Anklage richtet sich hauptsächlich, gegen die Herren *Gertis, Hauser,
und Glaser!*
Sie wurden gefördert und hofiert von der Politik und Industrie. Daraus sind
viele heutige hochangesehene zweifelhafte Bauphysik-Institute
entstanden. Dementsprechend sind die Niedrigenergiesparhäuser, Passivhäuser und andere Leuchtturmprojekte durchgepeitscht wurden.
Theoretisches Bauen, ohne praktische Grundlage, Erkenntnisse und
Erfahrungen!

Wie lange soll sich unser Haus, die respektlosen täglichen Verletzungen, durch Sondermüllplatten, sinnlosen Bohrungen ins massive Mauerwerk, kalte Innenwände, durch falsche Heizungen und sonstige Verstümmelungen gefallen lassen?

Ich, das unberührte Haus, was noch im schönen Ziegelgewand oder mit Edelputz bekleidet ist, verlange, dass ich so bleibe.

Ich, das von den Dämmern geplante und verstümmelte Haus, verlange, dass Sie mich wieder so herstellen, dass ich gesund atmen kann und die Menschen, die in mir wohnen regenerieren können!

Ich, das Haus, bin den weiten Weg über Jahrhunderte zum funktionierenden Haus gegangen, dann zum Egodämmhaus und nun fordere ich ein Zurück zum gesunden und natürlichen Haus!

5. Unmißverständliche Fakten

Menschen wurden durch Falschinformationen oder Weglassen von wahrem Wissen in eine angstmachende Lage versetzt. Sobald Kritiker mahnten, wurden sie als Verschwörungstheoretiker hingestellt und diffamiert.
Bevor ich mein erstes Buch schrieb, äußerte ich mich in einem Forum über den unsinnigen und unwirtschaftlichen Dämmbaustil und wurde sogar als Demagoge betitelt. Die angstmachenden Medien, die Industrie und Politik, lassen keine Gelegenheit aus, um für die Energiesparmaßnahmen Werbung zu machen. Mit dem Vorwand des Klimawandels, des Energie- und Heizkostensparens wird das heutige Sondermüllbauen gefördert! So kann jeder ungehindert diesen Sondermüll an den Kunden verkaufen.
Das Menschen dafür bezahlen, ist dabei völlig egal. Bis ans Ende unserer Tage werden Billionen, Billiarden, Trillionen und Trilliarden Euros ausgegeben!

Die Baurevolution sagt sehr deutlich:

-       Dümmer geht Bauen nimmer!
-       Das Klima lacht alle aus, die das Unwissen darüber verbreiten!
        (Die Grundlage für angstmachende Temperaturerhöhungen ist um
        1880 gelegt worden. Ca. 1780 waren die Temperaturen höher als
        heute. Bis ca. 1880 fielen die Temperaturen, um dann wieder
        anzusteigen. Diese Delle wurde genutzt, um uns Menschen
        hinters Licht zu führen.)

Nicht alles glauben! Nachprüfen! Die Angst geht dann von
    alleine!
-    Heizkosteneinsparungen unterm Strich wird es nie geben, weil die
    Investitionskosten viel zu hoch sind und die Instandsetzungs-
    intervalle sehr kurz sind!
-    Einfach richtig rechnen, 5.Klasse! Grundlage zum Rechnen,
    Nutzungsdauer (Amortisationszeit) Altbau 10 Jahre und Neubau
    20 Jahre, wenn es wirtschaftlich sein soll!
-    Die Energieeinsparverordnung fordert im § 25 Befreiungen
    ausdrücklich, die Wirtschaftlichkeit der Energiesparmaßnahmen!
-    Verkehrter Immobilienmarkt! Billionen-Minus-Immobilien!
    Anstatt Luxusimmobilien sind Dämmschrottimmobilien am Markt.
Das Wärmedämmverbundsystem braucht nirgends mehr abgebaut zu
werden! Wenn ganz Deutschland zugedämmt ist, sind wir die größte
Sondermülldeponie auf der Erde! Die Dämmlüge ist dann überall sichtbar!

6. Das Bauhandwerk bis zur Unkenntlichkeit zerstört!

Ich bin 1963 in Dresden geboren. In einer Zeit, wo alles noch sehr einfach
war. Vor allem im Osten. Ich war immer ein Zappelphilipp, konnte nicht
ruhig sitzen und hatte nie Lust zum Lernen. Mit viel Mühe schaffte ich die
10. Klasse. So blieb mir der Handwerker und wurde Maurer, besser
Baufacharbeiter. Ich merkte schnell, dass ich nicht nur mitarbeiten wollte,
sondern auch gestalten und verändern.

Mit den Händen zu arbeiten ging viel besser. Mit 23 Jahren bildete ich
schon Lehrlinge aus und machte den Industriemeister. Die Lust auf die
Theorie und das Lernen, kam immer mehr auf. Der Osten brach
zusammen und ich ging 1989 in den Westen. Da stieg ich schnell zum
Bauleiter auf und lernte das Bauhandwerk neu kennen. Es wurde mir
immer fremder, mit all der Chemie. Schnell beherrschte ich die
Kellerabdichtung, die Betonsanierung mit den kunststoffmodifizierten
Mörteln oder andere Bautechniken. Allerdings, nur nach den Gebrauchs-
anweisungen der Industrie.

Mit der Selbständigkeit 1997 und dem Maurermeisterbrief im Jahr 2000
änderte sich sehr viel. Die Qualität der Arbeit bekam eine andere Richtung.
Die Verantwortung für das eigene Tun veränderte sich!
Es gibt keine Zufälle! Mit der Ausbildung 2006 zu Bausachverständigen
sollte dann meine persönliche Baurevolution über mich hereinbrechen. Bei
einem 2-tägigen Seminar haute der Referent uns 60 Sachverständigen
das Bauen um die Ohren. Durch meine Praxis verstand ich sehr viel! Die
heißen Ohren ließen mich nachdenken und die kritische Literatur lesen,

verstehen, diskutieren, anders machen. Neben den grausamen Erkenntnissen, was mit dem Bauen passiert, stieg das Interesse und die Lust an der Theorie. Ich wollte einfach nicht glauben, dass das Bauen damals schon so kaputt war.
Bei meinem gedämmten Anbau, am eigenen Haus, zeigten sich die ersten Algen und Risse.

Das Verstehen der Kritiker, das Hinterfragen des eigenen Tuns, steigerte sich in der großen Wut auf die Verantwortlichen, dieser Baukatastrophe. Es sind unverantwortliche Menschen, die das wunderschöne Bauhandwerk, theoretisch und praktisch gegen die Wand fahren!
Nur die Natur bestimmt die bauphysikalischen Vorgänge. Dagegen ist die theoretische Macht der Bauphysiker nichts!
Diese Menschen werden die ganze Macht des Bauwissens zu spüren bekommen!

7. Die Lehrmeister früher und heute!

Die Baurevolution wäre nie zustande gekommen, wenn ich nicht meinen ersten Lehrmeister *Christian Ritter* gehabt hätte. Der Ritter war ein echter Ritter und Vorbild! Er hat uns 6 Lehrlingen zuerst das Mauern gelehrt. Auf den Mauern, lernten wir von ihm das Putzen. Als er den ersten Quadratmeter Kalkputz geschmeidig an die Wand warf und in 5 Minuten diese Fläche fertig gestellt hatte, wollte ich das auch können.
Im ersten Jahr lernten wir so die Grundzüge des Maurers und Putzers kennen. 1979 gab es in Dresden noch keine Stemmhammer. Mit Fäustel und Stemmmeißel wurden Schlitze gestemmt. Dementsprechend blutig sahen unsere Hände aus, bis sich eine Routine einstellte.
Nach wenigen Monaten hielt sogar der angeworfene Putz an der Decke. Nach einem Jahr kamen wir in Brigaden, wie es in der DDR üblich war. Ein Poller mit Stellvertreter, Altgeselle, Geselle und 2 Lehrlinge. Diese Hierarchie, mit viel Erfahrung und Können, ließen mich das Handwerk perfektionieren. Das verlernt man nie wieder. Danke an alle, die mich förderten und forderten.
Der Lehrmeister, von damals, wusste, dass er viele gute Baugesellen hervor bringt, die das Handwerk beherrschen!
Der Lehrmeister heute, möchte ich so nicht sein. Spätestens nach dem Lehrabschluss der Lehrlinge, regiert die Platte! Ob Dämmplatte, Gipskartonplatte oder OSB-Platte. Alles Platte!
Echtes Mauern, Fehlanzeige!
Rohbauten von Häusern werden überwiegend geklebt. Das heißt, großformatige Steine, werden aufgeklebt, ohne dass die senkrechte Stoßfuge vermörtelt wird!

Es funktioniert nicht, ganzheitliches Bauen geht anders! 17,5 cm oder gar 15 cm dicke Außenwände, werden mit einem stahlbewehrten Betonringbalken zusammengehalten. Jeder kann sich bei einem Spaziergang in gewachsenen Neubaugebieten umsehen, was funktioniert und was nicht! Betonringbalken, die sich vom Mauerwerk abreißen sind immer häufiger zu sehen.
Mit echtem, guten und langlebigen Bauhandwerk, hat dies nichts zu tun! Handwerk, echtes Handwerk, werde ich wieder zu den jungen Menschen bringen. Einige Jahre kann ich es noch! Später, werden die alten Baubücher wieder hervor geholt, um das Bauhandwerk richtig zu lernen.

Das Handwerk hat jetzt schon goldenen Boden, weil es kaum noch Baumeister gibt, die fachgerecht mauern, putzen und betonieren können. Mit echtem Handwerk, was Generationen funktioniert, kann sehr gutes Geld verdient werden.

8. Wahrhaftiges Bauen durch echte Baumeister

Ein echter Baumeister stellt mit seinen Händen das größte sichtbare Objekt, Produkt oder Ware her. So hat er auch einen großen Lohn verdient!
Häuser von echten Baumeistern stehen Jahrhunderte, manche sogar 1000 Jahre. Das Grundbauwerk von Baumeistern erschaffen, kommt in dieser Zeit, ohne große aufwendige Reparaturen aus! Aber nur, wenn die Fassaden über die Jahrhunderte regelmäßig instand gehalten wurden.
Der Mehrwert von diesen Häusern und Gebäuden ist ein Vielfaches!
Die Baugeschichte ist geprägt von den Baustilen. Die Baustile sind über Jahrhunderte gewachsen und lassen sich wunderbar erkunden, was funktioniert oder nicht!
Dicke Mauern, Baustoffe und Materialien aus den umliegenden Gegenden wurden hauptsächlich benutzt.
Gesunde Mauern von Wohngebäuden sollten wieder 36,5 cm dicke Wände besitzen. Homogen gemauert, besser sogar 49 cm, wie früher! Es ist eine Kunst des Maurers, den Viertelsteinverband einzuhalten. Der Kreuzverband war der logischste, genialste und perfekte Verband. Die Maurerehre verlangte, diesen Verband sichtbar einzuhalten, auch wenn noch verputzt werden sollte. Augenmaß für die Unregelmäßigkeiten der Ziegel war gefragt. Kamen Gesimse und Mauervorsprünge oder gemauerte Fensterbänke dazu, ergaben sich die schönsten Bauwerke. Wer Ahnung vom Bauen hat, weiß um die zusätzliche Bedeutung dieser Schmuckelemente am Haus!

Heutige aalglatte Dämmfassaden kennen nur die Fensterbank an der schmucklosen Fassade! Der Wind kann so ungehindert an der Fassade hinwegblasen und sie immer mehr auskühlen.
Anders an den Gesimsen! Da wird der Wind gebremst und die Außenwand bleibt wärmer und trockener = Energieeinsparung!
Das heutige kurzsichtige Bauen ist überwiegend auf wenige Jahrzehnte ausgerichtet. Schnelles Geld machen. Bauträger, die den Bau eigentlich tragen sollen, bis alle zufrieden sind, kann man suchen! Ausnahmen bestätigen die Regel. Menschen, die wirklich hochzufrieden mit dem Bauträger waren, können sich gern bei mir melden.

9. Baulehre - Baumeister

Die Baulehre wurde über Jahrhunderte in Baukolonnen weitergegeben. Baumeister gaben ihre Ideen den Polieren weiter oder besprachen sie mit ihnen, was handwerklich möglich ist. Die Hierarchie runter bis zum Bauhelfer war die Voraussetzung, damit sich das Bauhandwerk gleichmäßig weiter entwickelte. Die Baulehre schaffte es nur in die Baufachbücher, wenn die Bautechniken wirklich funktionierten! So entwickelten sich die Bautechniken sehr langsam weiter.
Das kann am besten an den alten Kirchen beobachtet werden. Fenster, Türen oder Portale waren große Herausforderungen an die Baumeister. Die großen Decken und Dächer in den Kirchen, mit ihren großen Spannweiten, waren die Prunkstücke der Baumeisterkunst!
Damals war der Mauerverband da und das Holz. Dicke runde Halteeisen oder Stahlbänder kamen später dazu. Die Statik ergab sich über die Jahrhunderte, ob die Bauwerke Stürme und Erdbeben aushielten. Das waren dann die natürlichen TÜV-Prüfungen.

Nur, weil wir uns heute einbilden, Götter zu sein, die das Allwissen gepachtet zu haben, bauen wir wie die Steinzeitmenschen. Bauphysiker und Planer planen heute theoretische Dämmbauten und lassen dann den Kunden mit den Bauschäden allein! Ist ja so vorgeschrieben! Machen ja alle! Haben wir schon immer so getan! Statisch gesehen, fallen die Häuser vielleicht nicht so schnell zusammen. Aber heute verschimmeln und durchfeuchten Gebäude nach Naturherzenlust! Die Baumeister von früher lachen sich schlapp, wie stümperhaft, heute geplant und gebaut wird!

Ich bin Baumeister, mauere aus dem Stand mit paar Freunden eine Villa für die nächsten Jahrhunderte! Die Grundlage ist der U-Wert effektiv, der natürliches und nachhaltiges Bauen von vorn herein ermöglicht. Dazu gesellt sich die beste, gesündeste Heizung! Der Tischler, der was auf sich hält, stellt den Eltern ein Vollholzbett ins Zimmer. Dem Baby bastelt er aus

dem   sonnengereiften und natürlich getrockneten Holz, eine Babywiege.
So kann sich die neue Seele gut entfalten!

Das Können ist das eine! Das Dürfen, ist das andere!
Können darf der heutige Baumeister das dumme Dämmen und muss für
den Unfug auch noch Geld verlangen!
Der Baumeister hat sich angepasst und seinen Namen und das Gesicht
verloren. Deswegen, die Baurevolution!
Ich bringe dem Baumeister die Würde zurück und verjage damit alle
dummen Dämmer!
Die Macht meiner Beweise, Erkenntnisse und Erfahrungen, lassen mein
Ego zu Wort kommen.

10. Der CO^2 - Bau-Skandal

Wieviele Menschen, die heute Angst haben vor der Klimakatastrophe,
wissen, wieviel CO^2 in der Luft ist. Wie groß ist der Anteil in der Luft?
Die ganze CO^2 - Perversion zeigt sich im Unwissen über die wahren
Fakten von CO^2.
Wer das nicht beantworten kann, hält gefälligst den Mund! Einfach mal
Energieberater, die gerne mit „CO^2 - Einsparen" kommen, fragen wie hoch
der Anteil in der Luft ist. Die beste Darstellung und Beschreibung findet
sich im Buch von Albert Ringlstetter, *„Der Weg zum richtigen Haus"*. Da
steht wohl das beste erklärende Bild. Er hat eine Darstellung mit 2700
Punkten!
Der wichtigste positive Aspekt von Kohlendioxid ist, dass es ein
lebensnotwendiger Stoff ist! Das heißt, dass ohne Kohlendioxid kein leben
auf der Erde stattfinden würde. An Autobahnen kann jeder sehen, dass
durch vermehrten Ausstoß von Kohlendioxid, die Pflanzen und Bäume
hervorragend wachsen!
Die Bestandteile der Luft zeigen, welchen Klimairrweg, wir alle bisher
gegangen sind und der noch nicht zu Ende ist! Die Darstellung mit den
Punkten zeigt sehr deutlich, wieviel Kohlendioxid in der Luft ist!
Der Anteil von CO^2 in der Luft beträgt laut Herrn Ringlstetter, 0,037
Prozent.
In Molekülen sind das von 2700 Luftmolekülen:

-	2100 Stickstoff
-	498 Sauerstoff
-	81 Wasser
-	20 Edelgase
-	*1 CO^2*

Nun dürfen wir Menschen die Angst gehen lassen. Wir besinnen uns jetzt darauf, dass wir die angstmachenden Medien und Geschäftemacher, dazu bringen, den Klimairrweg zu stoppen!
Aus diesem Irrweg ist der Dämmbaustil entstanden! Immer dicker zu dämmen, das Heizkosten gespart werden und das Klima zu retten.
Laut der NASA stoppt die Erderwärmung seit mindestens 15 Jahren!?

11. Die „falsche" Bauberatung!?

Meine Beratungen wurden in den letzten Jahren immer kürzer. Mit neuen Kunden war ich immer schnell einig. Das, was ich mit ihnen besprach, welche Bautechniken wirklich, nachhaltig und wirtschaftlich sind, werden von den Bauämtern nicht genehmigt. Oder sie müssen hinterlistige Bauanträge stellen und die sinnlose Dämmung einfach weglassen.
Was ist das für eine traurige Beratung?
Ständig habe ich Beratungen, wo die Kunden schon vieles richtig erklären. Sie wollen den Sondermülldreck nicht mehr an oder in ihren Gebäuden haben. Das sind keine Baulaien mehr! Sie finden aber keinen Architekten, der ihnen die Aussicht auf eine Baugenehmigung gibt.
Es gibt genug Menschen in meinem Alter, die Jahrzehnte in gesunden Stein- oder Holzhäusern wohnen. Sie wollen den Hof aufgeben und irgendwo neu bauen. Sie bekommen aber ihr neues gesundes und nachhaltiges Haus nicht mehr genehmigt. Diese Menschen haben alle positiven und negativen Erfahrungen in den Häusern gemacht. Sie werden nur durch den Klimaunfug und die daraus resultierende Dämmhysterie ausgebremst! Was bringt meine richtige werthaltende Beratung, wenn die Bauten nicht genehmigt werden?
Bei Holzhäusern ist die Dummheit besonders gravierend. An 20 cm dicke Voll-Holzhäuser, müssen nach der Energieeinsparverordnung (EnEV) noch eine dicke Holzweichfaserplatte angebracht werden, damit sie die Genehmigung bekommen. Leider bewirkt die Platte nicht viel!

Die Speicherfähigkeit des Holzes, die im U-Wert-Baudenken nicht vorhanden ist, bringt diese krassen Fehlurteile zustande. Da sieht jeder, was paar Hände voll, Bauphysiker da vollbracht haben! Von studierten Bauphysikern, kann ich als geprüfter Maurermeister verlangen, dass sie mehr wissen als ich! Mehr wissen heißt, dass sie beim Bewerten einer massiven Hauswand, die Speicherfähigkeit und den solaren Eintrag, mit berücksichtigen müssen! Solarer Eintrag ist nicht die Sonneneinstrahlung, sondern die diffuse Strahlung, die auch im Winter an der Nordseite gemessen werden kann. Sie tun es nicht! Sie streiten es ab!
Das einfachste Beispiel, dass die Speicherfähigkeit zu berücksichtigen ist, finden wir im Winter. Wenn im Winter, z.Bsp. im Februar, den ganzen Tag

die Sonne scheint, dringen hohe Temperaturen durch die tiefscheinende Sonne in das Mauerwerk ein. Dadurch entsteht in der Wand ein Wärmepolster, das weit bis in die Nacht, dem abfließenden Wärmestrom von innen entgegen wirkt. Menschen setzen sich noch eine ganze Weile vor die Außenwand, solange die Wärme noch zurückstrahlt. Frühling und Herbst sind die Monate, wo sehr große Wärmeenergiemengen in die Wand eingetragen werden.

Das U-Wert Bauen will davon nichts wissen, fühlen ist nicht so die Stärke von den Menschen, die an dem Unsinn festhalten.

Der Kunde wird durch die Baurevolution König. Jetzt oder nie mehr!

12. Die Sorgen der Neubauwilligen!

Ein Bayer will ein neues Haus bauen. Viele Häuslebauer in seiner Nachbarschaft, haben mit den neumodischen großformatigen Blockziegelsteinen den Rohbau fertig gestellt. Als die Fassade dran war, besannen sie sich auf den alten bewährten Dreilagenputz! Gesagt getan!

Die Großindustrie hat wieder ganze Arbeit geleistet und die Grundlage für den Dreilagenputz **entzogen**! Es dauert eine Weile, bis der Mensch dahinter kommt. *Die Fassaden mit dem Dreilagenputz zeigen Risse!*

Warum? In meinem Buch, *„Dämmbaustil oder Baumeisterkunst?"* nehme ich schon vor 10 Jahren Stellung. Etwas später erfuhr ich erst von dem Hauptgrund, warum die Risse im Putz entstehen! Die Steine sind zu weich!

Das Baumeistergesetz besagt, „Von innen nach außen weicher bzw. offener zu bauen!"

Der Dreilagenputz, besteht aus drei Lagen!

Den Vorspritzer oder Spritzbewurf genannt! Den Unterputz und Oberputz!

Als Abschluss kann auch noch ein Kalkanstrich hergestellt werden!

Früher hatten die Steine eine höhere Festigkeit, als der Dreilagenputz. Der Putz wird nach außen auch weicher!

Die Großindustrie, das heißt die Steinhersteller, haben die Druckfestigkeit der Steine sehr weit herab gesetzt, damit diese Steine einen noch „besseren" U-Wert bekommen können.

So ganz nebenbei, hat die Großindustrie dem Dreilagenputz, dem Putzhandwerk die Grenzen gesetzt!

Denn der Dreilagenputz wird von den Putzern vor Ort aus den Zuschlagstoffen und Bindemitteln hergestellt. Da verdient aber die Industrie zu wenig. Deswegen die Baurevolution!

Dadurch kommt es zur Abschaffung der nutzlosen, gegen den Menschen gerichteten, Großindustrie! Kleine Ziegelwerke in den Regionen, werden in den nächsten Jahren, von Investoren gegründet! Kurze Wege, richtiges Bauen!

Übrigens: Die Bauämter haben wegen der Unwirtschaftlichkeit gemäß Paragraph 25 Befreiungen in der Energieneinsparungverordnung zu befreien.
Beim Altbau wird die Nutzungsdauer mit 10 Jahre und beim Neubau mit 20 Jahren zu Grunde gelegt!
Bei einem Bauantrag, hat die Wirtschaftlichkeitsberechnung automatisch mit dabei zu sein! Das ist auch die Macht, der Hausbesitzer und Neubauer, die Wirtschaftlichkeit immer mit einzufordern. Schnell wird sich dadurch die Spreu vom Weizen trennen. Der Dämmbaustil erledigt sich sehr schnell von selbst.

Kapitel II : Beweise - Warum dieses Bauen nie funktionieren kann!
13. Beweise - Wissen ist Macht!

Die Beweise, dem heutigen Bauen ein Ende zu bereiten, sind erdrückend. Vor 10 Jahren, in meinem ersten Buch, habe ich genügend Beweise geliefert! Heute sind sie aktueller denn je. Die Dämmstärken haben sich sichtbar verdoppelt, ohne das Heizkosten eingespart werden. Zum Dank, macht die Natur und die Erde mit uns was sie will! Sie haut uns jedes Jahr, ein heißes Jahr, um die Ohren. Die Naturkatastrophen nehmen zu! Der Schimmel und die Feuchtigkeitsschäden in unseren Häusern nehmen ,dank der bauphysikalischen Unkenntnis, beängstigende Züge an!
Unsere „hochmoderne" Gesellschaft schafft es nicht, ein kleines Schimmelproblem in den Griff zu bekommen! Erbärmlich!
Wer bautechnisch nicht erklären kann, wie er das Schimmelproblem, schon bei der Planung ausschließt, hat die Bauplanung zu lassen! Punkt! Mir reicht dafür ein Zettel und Bleistift.
Zum Glück habe ich nicht schon vor 5 Jahren das nächste Buch heraus gebracht. Seit dem Ableben vom wohl größten Baukritiker, dem *Architekten Konrad Fischer,* denken wohl viele Dämmgrößen, einen Freifahrtschein zu besitzen. Hatte ich auch gedacht, als er gegangen ist! Was nun?
Ich habe bei der Beerdigung als einziger Baumensch gesprochen! In der Kirche versprach ich ihm, der Familie und der Trauergemeinde, dass ich weitermache. Nun, es kann Größenwahn sein, sich mit der ganzen Dämmgemeinde anzulegen. Was hier jeder Mensch lesen kann, hat wenig mit Größenwahn zu tun, sondern es steckt das geballte getankte Wissen, die Erkundungen und Erkenntnisse der letzten Jahre darin! Das ist erst möglich geworden durch solche kritischen Persönlichkeiten, wie *Konrad Fischer.* Wie er gegangen ist, hat sicher sehr viel mit dem Konflikt zu tun, den er mit den Dämmern hatte!

Einen Zeitaufschub wird es von mir, nicht mehr geben. Wie im ersten Buch zu lesen ist, kann jeder Neubauinteressierte bei einem Spaziergang sehen, was funktioniert und was nicht nicht!
Mit offenen Augen und Herzen, objektiv und neutral, gewachsene Neubaugebiete begehen! Danach hat sich jegliches Dämmen, das Wärmedämmverbundsystem (WDVS), Kunststoffputze erledigt.
Es gibt einige natürlich funktionierende Fassadensysteme. Dazu zählen das beste System, mit den geringsten Instandsetzungskosten und langen Instandsetzungsintervallen, das **Verblendmauerwerk.** Als Außen-Putzsysteme kommen nur der Edelputz, zum Beispiel, als Kratzputz oder der Dreilagenputz mit oder ohne Kalkanstrich in Frage. Eine hinterlüftete Fassade ist auch eine gute Alternative!
Alles andere Kunststoffzeugs, ist zum ersten Sondermüll und funktioniert nicht lange. Wer will das?

14. Beweis - „U-Wert" und das theoretische U-Wert-Bauen

Das U-Wert-Bauen ist die größte kriminelle Operation in der Baugeschichte. Ich bin Sachverständiger und diese Aussage kommt von meinem Bauherzen! Gerichte müssen endlich objektiv urteilen!
Ich kann mir Spitzen, um das U-Wert-Bauen nicht verkneifen. Letztendlich will ich ja alle Menschen an den Riesentisch bringen, damit das Bauen noch eine letzte Chance bekommt.
U-Wert, ein einziger bauphysikalischer Wert, hat in wenigen Jahrzehnten eine gigantische Macht bekommen. Eine Macht zum Geld verdienen, auf Kosten, der Menschen, der Natur, der Erde und der langen Baugeschichte. Kosten von ungeahnten Ausmaßen sind entstanden.
Dieser U-Wert, hieß früher R-Wert, heute sogar Lambda-Wert und ist aus der Heizungsbranche hervor gegangen. Mit dem R-Wert wurde der Wärmedurchgang durch Heizungsbleche berechnet. Bleche von Millimeter Dicke. Da ist ein gleichmäßiger Wärmedurchgang möglich.
Irgendwann fingen Bauphysiker an, diesen Wärmedurchgang auf eine Hauswand zu projizieren! Ein einzelner Wert, der auch heute noch, **nur** im Labor erreichbar ist. Er wird auch als stationärer U-Wert bezeichnet. Dieser Wert wird nur unter immer gleichen Bedingungen erreicht.
Eine massive Hauswand ist aber immer wechselnden Bedingungen ausgesetzt. Häuser stehen nicht im Labor, sondern immer noch im Freien!
Deswegen ist die U-Wert-Rechnerei, so wie es *Prof. Claus Meier*, in seinen Büchern schreibt, Betrug!
Die Wärme soll wie ein Strich durch die Außenwand entweichen. Punkt! Keine Widerrede! Doch, deswegen gibt es die Baurevolution, um dem Unfug ein Ende zu bereiten.

Der U-Wert besteht aus einer Grundformel und setzt sich aus verschiedenen Parametern zusammen. In diesem U-Wert fehlt aber die Speicherfähigkeit der Baustoffe und der solare Eintrag (diffuse Strahlung)!

Fotos: Jaskulski - Die vorstehenden Fotos zeigen sehr deutlich die Unterschiede im U-Wert-Bauen und Effektivbauen. Links oben ist ein Effektivhaus, rechts daneben ein herrlicher Unterschied. Links unten! Das nenne ich perverses Bauen, ohne Respekt dem Haus gegenüber! Rechts unten, das „klassische" U-Wert-Bauen mit Algenfassade!

Prof. Meier und andere Kritiker haben lange versucht, den wirklichen realistischen U-Wert effektiv durchzusetzen. Die Macht des Geldes und das Ego hat sie abgeschmettert!
Nun dürfen sich die U-Wert-Menschen das Ausmaß der explodierenden Bauschäden, auf die Fahne schreiben. Denn es sind nicht die Handwerker zuerst Schuld an dem Baudesaster, sondern die, die dieses kopflose Bauen, planen und in der Öffentlichkeit durchsetzen.
Wenn Sie die Baurevolution lesen, ob als Mieter, Hausbesitzer,

Industrieller oder Politiker, sind Sie verpflichtet, die Baurevolution, zu akzeptieren und mit Leben zu füllen.
Für die Menschen und Kunden!
Für die Natur!
Für die Erde und die Baugeschichte!

15. Beweis - Unnatürliches beispielloses Sondermüllbauen!

Unzählige Menschen haben mit dem Asbest Sondermüllerfahrungen gemacht! Viele Menschen sind durch die Fasern zu Tode gekommen! Andere Menschen leiden heute noch darunter! Ego-U-Wert-Menschen setzen noch einen drauf. Der Sondermüll erschlägt heute unser ganzes Heim und Haus! Beim Spaziergang kann jeder an Baustellen sehen, wieviel Sondermüllflocken und -stücke herumfliegen! Styroporteile finden sich in Gullys, auf Wiesen und auf Wegen. Fassadendämmer raspeln und schleifen ungeniert, ihre Sondermüllfassaden, bis sie glatt sind. Das sind Umweltsünder! Der Schleifstaub landet beim nächsten Regen in unsere Gewässer, Flüsse und ins Meer!
Die Grünen lassen sich gerade bei der Europawahl feiern! Sie tragen die Hauptverantwortung für den Klimaunfug und die größte Sondermüllaktion gegen die Erde!
Achja, die Schiffswerften freuen sich. Sie dürfen teure Schiffe bauen, um den Sondermüll auf den Meeren wieder einzusammeln. Perverses Wirtschaften!
Für ein Kilo Styroporherstellung benötigt man 5 kg Erdöl, sagt der Lipperländer Architekt.
Hersteller von Wärmedämmverbundsystemen stellen bis 35 cm dicke Dämmplatten her. Nicht nur ich sage ganz klar, das ist kriminell und gehört sofort gestoppt! Nicht eine Platte, ob aus Styropor, Mineralwolle, Steinwolle oder auch Holzweichfaserplatte, hat etwas auf unseren Häusern zu suchen.
Ich weiß, wie schwierig es ist, wenn ein Sache am Laufen ist, die nicht bis zu Ende gedacht wurde. Es geht auch nicht mehr darum, wer die Schuldigen, dieses Milliarden-Bau-Skandals sind! Schuldig sind wir alle! Ich habe genauso wenig nachgedacht, als ich ein Stück meines Hauses gedämmt habe. Allerdings ist es in der heutigen einseitigen Berichterstattung in den Medien, für die Menschen kaum möglich, noch durch zusteigen!
Stopp und Verbot!

16. Beweis - Höchstunwirtschaftliches Bauen!

Die meisten Energiesparmaßnahmen, die bei einem bestehenden Haus getätigt werden, bringen bei den Heizkosten keinerlei Einsparungen. Wenn man bedenkt, dass die ganze Dämmlüge, wegen des Heizkostensparens gemacht wird, dann greift man sich an den Kopf.
Haben die „Rechenexperten" überhaupt den Mathematikunterricht besucht? Plus, Minus, Mal und Durch. Jetzt fällt mir gerade die Ungeheuerlichkeit des Dämmschwindels wie Schuppen von den Augen!
Wahrscheinlich ist es gerade die Einfachheit der Rechenaufgabe, die dazu geführt hat, dass garnicht erst gerechnet wird. Es wurde durch die Macht, einfach diffamiert und belächelt, wenn jemand wie *Konrad Fischer* oder *Prof. Meier* mit dem Wirtschaftlichkeitsbetrug ankam!
Prof. Meier hat in seinem Buch „*Richtig Bauen*" die Mehrkostennutzungsrechnung ganz genau beschrieben und erklärt! Für jeden Planer und Dämmer steht so seit über 10 Jahren, die Rechenweise fest. Prof. Meier hat Voraussetzungen geschaffen, damit den Menschen und Kunden kein unwirtschaftliches Bauen verkauft wird!
Man kann das vergleichen mit einer Herde Wilder Stiere! Wenn sie losgelassen werden, dann trampeln sie alles platt, was ihnen in den Weg kommt. Nur das hier in wenigen Jahrzehnten, eine tausende Jahre alte Baugeschichte geopfert wird.
Genauso ist nicht zu glauben, dass in einer Verordnung, der Energieeinsparverordnung (EnEV), das Wirtschaftlichkeitsgebot klar geregelt ist und überhaupt nicht praktiziert und angewandt wird!
Im Paragraph 25 Befreiungen der EnEV steht ausdrücklich, dass die Gemeinden, Maßnahmen zu befreien haben, wenn sie nicht wirtschaftlich sind! Es ist ungeheuerlich, wenn man zum Bauamt geht und nach diesem Befreiungsparagraphen fragt! Als Antwort kommt ein „Schulterzucken" oder „Keine Ahnung! Ist das vorsätzlich? Ist das von ganz oben verordnet, die Angestellten nicht zu informieren? Geht es um die Grundlagen der Wirtschaftlichkeitsberechnung, geht das Schulterzucken weiter!
Die wichtigste Grundlage ist die Nutzungsdauer für die Wirtschaftlichkeit!
In *EnEV-Online* steht für den Altbau, 10 Jahre und bei dem Neubau, 20 Jahre Nutzungsdauer (Amortisationszeit). Bei einem Altbau müssen in die Berechnung die Heizkosten der letzten 3 Jahre einfließen, sowie die Investitionskosten und auch die folgenden Instandsetzungsintervalle der Energiesparmaßnahmen.

Nun zu der einfachen, kinderleichten Wirtschaftlichkeitsberechnung!
Gegeben: - Ein altes Haus mit sehr hohen ca. 3000 Euro
              Heizkosten/Jahr
       - Grundlage 10 Jahre Nutzungsdauer

> \- Investition, Vollprogramm der Energiesparmaß-
> nahmen, wie Wärmedämmverbundsystem, Fenster
> wechseln, Dachdämmung, Solar, Wärmepumpe,
> Kellerdecke dämmen.

Da kommen locker 90.000 Euro zusammen!
Gesucht ist die Wirtschaftlichkeit der Maßnahme?
Die Lösung rechnen Kinder leicht aus! 90.000 Euro geteilt durch 10 Jahre!

= 9.000 Euro

Der Antwortsatz lautet: Es müssen bei den Heizkosten jedes Jahr

9.000 Euro eingespart werden.

Das Haus hat aber nur 3000 Euro Heizkosten im Jahr. Es ergibt sich **ein Minus von 6000 Euro pro Jahr!** Es rechnet sich nicht eine **verordnete** Energiesparmaßnahme!

Dazu kommt, dass schon 2006 und 2008 *Bücher des Instituts für Bauforschung in Hannover* über Baunutzungskosten auf dem Markt sind. Da ist eindeutig abzulesen, dass ein Wärmedämmverbundsystem, Instandsetzungskosten von über *1314,05 Euro* /qm in den nächsten 80 Jahren hat!
Ein Verblendmauerwerk hat dagegen *284,73 Euro* und Edelputz *429,65 Euro.*
Das sind sage und schreibe 460 Prozent oder 300 Prozent höhere Kosten des WDVS gegenüber dem Verblendmauerwerk und dem Edelputz!? Ob das Betrug ist, müssen endlich Gerichte klären!

Beweise sind die Bücher vom Institut für Bauforschung Hannover, *„Bau-Nutzungskosten"* und *„Atlas - Bauen im Bestand"*. Es ist alles seit über 10 Jahren bewiesen! Es wird ignoriert und gedemütigt, wenn jemand diesen Betrug anspricht!

17. Beweis - Bauschadensfalle

> *„Hinterlist und Tücke, zerreißt das Bauen in Stücke!"*

Bauschäden zeigen sich meistens erst nach Ablauf der Gewährleistungsfrist!
Aber auch das ändert sich. Viele Neubauten bekommen keine Abnahme, weil schon zu diesem Zeitpunkt, eklatanter Baupfusch aufgedeckt wird. Viele Schäden schlummern und entwickeln sich im Verborgenen. Alle tappen so in die Bauschadensfalle. Deswegen List und Tücke. Was in einer Außenwand oder in einer Dachdämmung für bauphysikalische Vorgänge stattfinden, wird nirgends erklärt. Wenn es mit gesundem

Menschenverstand erklärt werden würde, dann würde der Bauunfug, von vornherein nicht mehr stattfinden.

Dämmsystemhersteller schieben gerne die Fehler den Handwerkern in die Schuhe. Die Handwerker sind äußerst überfordert. Die Ausbildung von den Handwerkskammern ist ein Fiasko! Wenn theoretisches Bauen nicht funktioniert! Wie sollen dann funktionierende Lerninhalte aufgeschrieben und weitergegeben werden?

Der Handwerker ist nur so gut, wie seine Lehrmeister, der verantwortliche Ausbilder und die Handwerkskammer!

Wie bildet die Handwerkskammer aus? Nach den Vorgaben der Politik! Die Vorgaben werden der Politik von der Industrie diktiert! Die Industrie ist nur an ihrem Profit interessiert ist! So entsteht dieses Desaster.

Die Handwerkskammern haben das Bauhandwerk verraten und geopfert. Nun kommen sie aus der Feigheit und dem Aussitzen nicht mehr heraus.

Die Menschen und Kunden wachen nach diesem Buch auf!

Die Handwerker merken längst, dass etwas nicht stimmt! Sie wissen aber nicht, wie sie aus den Bauschadensfallen herauskommen oder wie sie es verändern können. Einer hat den Überblick! Leider ich! Es ist zum Kotzen, diesen so sinnlosen und überflüssigen Betrug aufzuschreiben und durchzustehen!

Und dass, in einem der schönsten Landstriche der Erde, mit den vier Jahreszeiten!

Das Aus für den Dämmbaustil, weil er für immer in der Bauschadensfalle steckt!

18. Beweis - Keine Heizkosteneinsparung!

Schon durch die sehr leicht zu errechnende Unwirtschaftlichkeit der Energiesparmaßnahmen, bleibt die Heizkosteneinsparung Utopie! Nur wegen dieser Einsparung wird der ganze Aufwand veranstaltet. Zu allem Überfluss, Heizkosten zu sparen, kommt noch das falsche Heizen mit den doppelten Plattenheizkörpern und den aufwendigen Fußbodenheizungen dazu. Das Heizen mit den doppelten Plattenheizkörpern, ist das ungesündeste Heizen überhaupt! Das sind Luftheizungen, wo überwiegend die Raumluft erwärmt und bewegt wird! Denn da wirkt die Konvektionsheizung, die den ganzen Dreck durch unsere Wohnungen wirbelt. Werden die Fenster geöffnet, dann entweicht diese warme Luft und muss wieder teuer aufgeheizt werden. Auch da gilt! Das Heizen wird nicht erklärt. Dabei ist es sehr einfach die zwei verschiedenen Heizungsformen zu erklären. Die gesunde Heizungsform, ist die Strahlungsheizung und wird immer noch belächelt und schlechter gerechnet, als die Konvektorheizung. So zieht sich der Lug und Trug, durch das ganze Bauen. Zuerst kommt das Geld. Und der Mensch?

Wenn die Menschen aber endlich verstehen würden, dass nur wenig Wissen gebraucht wird, um dem ganzen ein Ende zu bereiten. Denn mit dem Wissen, lassen sich die Baukosten und auch die Krankenkosten deutlich reduzieren! Es ist nämlich ungesunde Heizungsluft.

19. Beweis - Dämm-Bau-Strukturen!

In unserer Gesellschaft ist es ständig angebracht, alle Strukturen auf ihren Entwicklungsstand zu überprüfen! Vor allem Strukturen, die in einseitige und diktatorische Schieflagen geraten sind! So wie das beim Dämmbaustil geschieht. Noch mehr Grund gibt es, wenn wir mit eigenen Augen sehen können, was funktioniert und was nicht!
Hinter den Menschenmassen werden die Strukturen gesponnen, um die Menschen abzukassieren! Sie sind dermaßen aus dem Ruder gelaufen, dass es scheinbar kein Zurück mehr gibt. Kritiker wurden immer wieder als Verschwörungstheoretiker abgestempelt. Die Rechnung geht aber nicht auf. Ich breche die Strukturen auf. Ein Jahr läuft die Baurevolution!
Wenn ich bei Youtube Filme kommentiere! Auch kein Aufschrei!
Ist es die neue oder die letzte Taktik?
Ignorieren und Aussitzen!
Der geschriebenen Baurevolution kann sich niemand mehr entziehen! Jeder, der was auf sich hält, hat die Baurevolution zu unterstützen, damit wir der Baugeschichte gerecht werden!
Wer fragt schon die Abermillionen Mieter, die ungerechtfertigt, allmonatlich die Mehrkosten für den Dämmwahnsinn bezahlen müssen. Da haben sich die Dämmprofiteure eine Struktur geschaffen!
Die Umlage für die Dämmmaßnahme soll rechtens sein, heißt es immer! Ist das so?
Im Bürgerlichen Gesetzbuch steht ausdrücklich im Paragraph 555b Modernisierungsmaßnahmen:
Modernisierungsmaßnahmen sind bauliche Veränderungen,
1.durch die in Bezug auf die Mietsache Endenergie nachhaltig eingespart wird (energetische Sanierung),
2.durch die nicht erneuerbare Primärenergie nachhaltig eingespart oder das Klima nachhaltig geschützt wird, sofern nicht bereits eine energetische Modernisierung nach Nummer 1 vorliegt.
Da es nie eine Wirtschaftlichkeit gibt, können alle Mieter, denen die Umlage aufgebrummt wurde, diese gewaltigen Kosten zurück verlangen. Mieter haben die Macht, diese Struktur zu zerschlagen. Die großen Mietkonzerne wachsen in Höhen, die sie scheinbar unangreifbar machen. Hier sind die Mietervereine gefordert, die ängstlichen Mieter zu unterstützen!

Gerichte haben endlich, wegweisende Urteile zu fällen, für die Menschen und nicht für das ungehemmte Wachstum gieriger Wohnungskonzerne.

20. Beweis - Bauen gegen die jungen Menschen!

Die jungen Menschen sind heute die größten Verlierer! Sie bekommen alles übergestülpt! Was Eltern, Schule oder Gesellschaft für „richtig" halten, müssen sie neu oder dazu lernen!
Geht das Bauen so weiter, dann sind die nächsten Generationen damit beschäftigt, den Sondermüll von unseren Wänden zu kratzen. Die jungen Menschen zeigen uns den Vogel, wenn wir nicht damit aufhören. Männer haben dieses Zustand zu verantworten! Nur Männer können nun einsehen und den Baukarren aus dem Dreck ziehen!

Aufruf: Junge Menschen mit gesundem Menschenverstand, nehmt das Bauen in die Hand! Die Alten, die Bauexperten und die Dämmer haben keine Ahnung davon! Sie haben jedes Gefühl und die Liebe zum Bauen verloren.
Bringt dieses Bauen ins Gleichgewicht! Zeigt, den Alten, wie richtig gerechnet wird!

In den deutschen Wäldern liegen riesige Mengen Holz von den letzten Sturmschäden. Damit lassen sich unzählige, natürliche und gesunde Holzhäuser bauen!
Stoppt die Mogelholzhäuser aus Holzständerbau. Die sowas planen und bauen, haben keine Ahnung, was Diffusion in diesen Dämmkonstruktionen anrichtet. Wer es nicht glaubt, geht paar Wochen mit Bausachverständigen mit. Die Website von *Konrad Fischer,* **www.konrad-fischer-info.de** ist voll von Erfahrungen, Erkenntnissen und Schadensfällen!
Findet den Weg zum herrlichen Bauhandwerk. Lasst die gesunden roten Steinhäuser entstehen, aus gebrannten Ziegelsteinen aus den Regionen!
Hier ist die geschriebene Baurevolution!
Ihr habt es in der Hand! Ich zeige Euch, wie es gehen kann! Macht es noch besser! 30 Jahre Bauforschung mit dem U-Wert effektiv sind aufzuholen!

<u>**Kapitel III**</u> **: Baurevolution für die Verordner, Baufälscher, Industrielle,**
        Politiker und Dämmer
Text 21. Die Dämmlüge und seine Verantwortlichen!

Dieses Kapitel ist für alle, die einsehen müssen, dass dieses heutige Bauen, nie eine Zukunft haben wird! Viele Menschen, die über Jahre bei mir anfragen, glauben nicht mehr daran, dass sich was ändert!
Die Politik und Industrie glauben, dass die Bauwelt nun endgültig erforscht wurde! Dem Dämmbaustil ist nicht zu widersprechen, basta! Nach dem Ableben, von dem größten Kritiker, *Konrad Fischer*, dachten sicher viele Dämmverantwortliche, „nun können wir ungestört weiter dämmen!".
Wer glaubt schon, dass ein Maurermeister auf die Barrikaden geht?
Ich, der Maurermeister selbst! 40 Jahre praktische Bauerfahrung und 12 Jahre Theoriestudium! Da wächst das Selbstbewusstsein! Vor allem dann, wenn gleichzeitig das Bauwissen in der Steinzeit ankommt!

Erst jetzt beginnt die Baurevolution! Das erste Jahr der Baurevolution, was ich am 2. Mai überstanden hatte, war nur zum Warmlaufen.
Keine Kritik, nichts! Ich habe viel geredet, in den letzten Jahren und wusste nicht, wie ich es anfangen sollte. Nun ist der Weg klar! Die geschriebene Baurevolution ist für alle Menschen vom Baby bis zum Greis! Es gilt nun der Dämmlüge die Wahrheit gegenüber zu stellen.
Jeder will in einem gesunden, natürlichen und auf Dauer bezahlbaren Haus wohnen. Wenige Bauphysiker, die durch Kritiker genau wussten, dass es den U-Wert effektiv gibt, haben ihre Macht schamlos ausgenutzt.
Dadurch haben sie den Industriellen einen Freifahrtschein, zum Dämmbaustil gegeben. Die Industrie, mit ihrem Einfallsreichtum, hat dafür gesorgt, dass DIN-Normen und Verordnungen, wie die Energieeinsparverordnung (EnEV), so in dem Markt installiert werden, dass alle dachten, es ist richtig so!
Die Politik hat die Verordnungen und Gesetze durchgewunken. Dadurch ist aus dem einstigen Handwerker, ein Dämmer geworden. Der Dämmer brauchte nicht nachzudenken! Das Geschäft läuft sehr gut! Die Industrie, mit ihren ständigen Preissteigerungen, zwingt die Dämmhandwerker, den Gürtel immer enger zu schnallen! Dadurch entsteht immer mehr der Druck, zu sparen! Entweder an der Materialdicke oder die Qualität nicht so genau zu nehmen. Die Gewährleistungszeit wird das Ergebnis schon überstehen!
Es ist schon paar Mal, das Wort Betrug gefallen! Ich zitiere später den Paragraphen aus dem Strafgesetzbuch, damit sich jeder hinterfragen kann!
Das Bauen und das Bauhandwerk ist fast bis zur Unkenntlichkeit zerstört!
Die Baurevolution ist die logische Folge!

22. Ist das heutige Bauen, Betrug?

Als Maurermeister und freier Sachverständiger, sage ich ganz deutlich, es ist Betrug! Leider haben das Gerichte noch nicht bestätigt, obwohl die Beweise der Unwirtschaftlichkeit erdrückend sind!
Es ist Betrug an der Baugeschichte. Als eingefleischter Baumeister, der die verschiedensten Arbeiten durch seine Hände hat entstehen lassen, blutet das Herz!
Es ist Betrug an den alten Baumeistern, die wundervolle Gebäude errichtet haben! Millionen Menschen kommen deshalb, aus dem Ausland, um sie zu sehen, bestaunen und bewundern! Wenn alles zugedämmt ist, kommt keiner mehr! Die verschiedenen Algenbewuchse auf den Fassaden sind nicht interessant!
Es ist Betrug am Handwerk generell! Noch in 60 - 70 Jahre alten Baufachbüchern ist klar geregelt, dass der Baumeister, der Putzer die Fassade gestaltet, ohne irgendwelche kunststoffmodifizierten Farbanstriche.
Es ist Betrug am Baumeister und am Malermeister! Dem Baumeister ist die Fassade einfach aus den Händen genommen worden. Noch bis zum Jahr 2000 sanierten Baumeister die Fassaden. Dann ging es sehr schnell. Der Malermeister dämmte immer häufiger die Fassade! Der Maurermeister schaute in die Röhre! Entweder er dämmte mit oder er verlor die Fassade! Das Verblendmauerwerk hatte der Maurermeister schon überwiegend an holländische Firmen verloren!
Es ist Betrug am Kunden, wenn ohne Grund, falsche Bautechniken verkauft werden, die noch dazu hochunwirtschaftlich sind! Sie führen in die Bauschadensfalle!
Im Strafgesetzbuch § 263 StGB >Betrug< (Internet: *www.gesetze-im-internet.de/stgb*) steht folgendes:
(1) Wer in der Absicht, sich oder einem Dritten einen rechtswidrigen Vermögensvorteil zu verschaffen, das Vermögen eines anderen dadurch beschädigt, dass er durch Vorspiegelung falscher Tatsachen oder durch Entstellung oder Unterdrückung wahre Tatsachen einen Irrtum erregt oder unterhält, wird mit Freiheitsstrafe bis zu fünf Jahren oder mit Geldstrafe bestraft.
(2) Der Versuch ist strafbar.
(3) In besonderen schweren Fällen ist die Strafe Freiheitsstrafe von sechs bis zehn Jahren. Ein besonderer Fall liegt in der Regel vor, wenn der Täter
    1. gewerbsmäßig oder als Mitglied einer Bande handelt, die sich zur fortgesetzten Begehung von Urkundenfälschung oder Betrug verbunden hat,
    2. einen Vermögensverlust großen Ausmaßes herbeiführt oder in der Absicht handelt, durch die fortgesetzte Begehung von Betrug

eine große Zahl von Menschen in die Gefahr des Verlustes von Vermögenswerten zu bringen,
3. eine andere Person in wirtschaftliche Not bringt (…)

Die Berechnung unter **Text 16. ist höchst unwirtschaftlich! Was ist, wenn trotzdem das Wärmedämmverbundsystem (WDVS) verkauft wird? Höchstwahrscheinlich Betrug!**

23. Die Baurevolution für die Verordner!

Menschen haben die Energieeinsparverordnung (EnEV) geschrieben. Nach der Wärmeschutzverordnung (WschV) 1995 ging es mit der EnEV im Jahr 2002 richtig los. Da wurde die Senkung des Energiebedarfs gegenüber der WschV 1995, um 30 Prozent beschlossen!

Mein gezeichneter Entwurf zur Maurermeisterprüfung im Jahr 2000 enthielt auf der Außenwand noch kein Wärmedämmverbundsystem (WDVS). Ich bestand diese Prüfung mit Gut! Wer schrieb die letzten Verordnungen? Sind es Verordner gewesen, die nichts wussten, von der Existenz des U-Wert effektiv oder von bauphysikalischen Zusammenhängen? War es die bloße Profilierungssucht von grünen Politikern?

Seit Jahrzehnten werden angehende Bauingenieure und Architekten, im Unwissen über den U-Wert effektiv gelassen. Nochmal und immer wieder! Der U-Wert, ist heute schon wieder geändert, in Lambda-Wert! Somit kann ein angehender Architekt kaum noch die Geschichte des U-Werts erkennen. Er muss große Nachforschungen betreiben, wenn er den Wissensbetrug aufdecken will! Diese Werte enthalten nicht die Speicherfähigkeit der Baustoffe und den solaren Eintrag in die Außenwand! Wir haben zu jeder Jahreszeit auf jeder Wandseite messbare Solarenergieerträge. Auch auf der Nordseite!

Prof. Meier zitiert in seinem Buch: *„Richtig Bauen" (Expert-Verlag)*, aus dem *„Handbuch Passive Nutzung der Sonnenenergie" von Koblin 1984!*

„Die passive Nutzung der Solarenergie muss unbedingt berücksichtigt werden, wenn man nicht grob fahrlässig Energie vergeuden will! Sogar das Nordfenster hat zwischen 8 und 16 Uhr Energieeinträge, die größten Einträge Mittag mit ca. 40 Watt / qm!"

Wie würden Architekten und Bauingenieure handeln und entscheiden, wenn sie mit dem kompletten vorhandenen Wissen konfrontiert werden! Die U-Wert-Effektivrealität ist längt nachgewiesen! Das *Lichtenfelser Experiment,* kann jeder nachvollziehen und seine eigenen kleinen Experimente machen. Jeder Mensch kann das am wärmespeichernden Stein und Holz nachfühlen. Die tiefstehende Februarsonne hat den ganzen Tag auf eine massive Hauswand geschien. Lehnen Sie sich einfach abends an die Außenwand und spüren sie die wohltuende Wärme!

Leider haben die Dämmverantwortlichen, jegliches Gefühl und die Liebe zum Bauen verloren!

24. Gehören Baufälscher in den Knast?

Genauso wie Steuersünder oder Dieselfälscher, gehören Baufälscher auf die Anklagebank!
Fakt ist, dass in meinen Texten, unzählige Beweise und Ungereimtheiten über das heutige Bauen aufgelistet sind!
Auf der größten kritischen Bauinformationsseite von *Konrad Fischer,* *www.konrad-fischer-info.de,* stehen sehr viel aufklärende Texte. Wer sich da einliest, stellt sicher einen gewissen Sarkasmus fest. Der ist aber auch nötig, um diese korrupten Vorgänge in der deutschen Bauwelt, aus den letzten Jahrzehnten, zu überstehen. Er ist leider schon mit 62 Jahren von dieser betrügerischen Bauwelt gegangen! Sicher hat der Konflikt mit der übermächtigen Dämmwelt mitgeholfen! Auf seinen Seiten finden sich die einflussreichsten Namen, die mit aller Macht den U-Wert durchdrückten.
Es geht hier nicht mehr um einen Euro!
Es geht um die Baugeschichte!
Unmißverständlich sage ich:
Es geht um Zahlen, wo die Nullen immer mehr werden! In den sechziger Jahren gingen die Bauschäden in die **Millionen.** Heute gehen die Bauschäden jedes **Jahr** in die **Milliarden! Jedes Jahr!**
Hallo, Ihr Menschen!
Aufwachen!
Es geht um Ihre Kohle, um Ihr schwerverdientes Geld!
Die **Nullen** steigen und steigen!
Es geht nicht mehr um **Milliarden!**
Wir sind schon locker bei 1.000 Milliarden Euro Gesamtschaden in den letzten Jahrzehnten! In D-Mark wäre es fast doppelt so viel!
Das ist eine Billion! Dann eine Billiarde! Ohne Stopp, eine Trillion!.......

Stopp!

Auf der Website von *Konrad Fischer* und in den Büchern von *Prof. Claus Meier,* finden sich viele Namen, die mit dem durchsetzen des U-Werts zu tun hatten!
Namen wie, H. Ehm, W. Eicke, W. Feist, K. Gertis, G. Hauser, H.M. Künzel, H.Werner, gehören für mich zur Klärung, auf die Anklagebank! Sie können sich gern verteidigen. Urteilen und schuldig sprechen die Richter!
Die Einwände der U-Wert-Kritiker, ob mündlich oder schriftlich, wurden ignoriert oder abgewiesen!

Neben Menschen, wie C. Meier, K. Fischer, waren K. Aggen, H. Böttiger, P. Bossert, Di Trocchio, A. Eisenschink, J.P. Fehrenberg, D. Labusch, H. Markl, K. Steinbuch, W. Thüne, H.H. von Arnim, kritisch unterwegs! Niemand kann sagen, es gab keine Einwände.
Die Macht des U-Wertes, zeigt die Macht des Geldes!

25. Industrielle und die Macht den Geldes!

Wenn es die Ego-Bauphysiker nicht gegeben hätte, dann hätte die Industrie auch nicht so eine Macht bekommen!
Was ist ein Bauhehler?
Ich würde sagen: Einer, der eine Sache herstellt und oder verkauft, die nicht funktioniert oder minderwertig ist! Anfangs wusste er nicht, dass die Dämmbaustoffe so einen immensen Schaden anrichten!
Es wird sogar von Dämmexperten offen empfohlen, auf das alte nichtfunktionierende Wärmedämmverbundsystem, ein weiteres oben drauf zu setzen. So widerwärtig ist das Bauen. Einmal abzocken! Immer abzocken. Meistens die Hausverwaltungen! Das zweite Mal bezahlen nun die Mieter die Umlage für den Unfug. Ganz sicher zu unrecht, wenn man im BGB § 555 b nachliest!
Wenige Menschen stehen heute, an den vollautomatischen Produktions-maschinen für Polystyrolplatten (Styropor). Die Manager verdienen sich eine goldene Nase. So können sie die Werbetrommel noch mehr bedienen. Sie schreiben Mythen auf, damit die Menschen und Kunden noch mehr verunsichert werden!
Diese Produktion muss und wird zusammenbrechen, wenn der gesunde Menschenverstand bei den Politikern und den Bauämtern Einzug hält!
Die Natur wird immer mehr dafür sorgen, dass die Bauschäden immer mehr zunehmen und offen gelegt werden!
Die Stürme und Starkregen haben zugenommen! Damit werden die Dächer offengelegt. Gewissenhafte Sachverständige, wie der Lipperländer Architekt, finden dann zusätzlich die bauphysikalischen Fehler und Bauschäden. Wie schön, dass irgendwann alles ans Licht kommt.

26. Politiker schaffen Gesetze und Verordnungen

Erst durch diese Menschen, was eigentlich Volksvertreter sein sollen, wird es möglich, dass solche korrupte Systeme hergestellt und verkauft werden! Lobbyisten sorgen dafür, dass Politiker nachgeben. Inwieweit, das Wort, Bestechung eine Rolle spielt, muss jeder selbst entscheiden. Das Geld ist jedenfalls stärker als der Charakter! Aber auch das lassen wir hinter uns!

Der Wert diesen Buches ist unermeßlich! Hinter jedem, der hier 108 geschriebenen Texte, steckt ein gigantischer Wert! Der Weg ist nur ein Gedanke! Uns trennt nur ein Gedanke! Die Einsicht genügt, um dem Missbauen, den Rücken zu kehren. Das wahrhaftige, gesunde und humane Bauen hat eine hundertprozentige Chance verdient!
Wie könnte das gehen?
Eine einzelne Person ist in den letzten Wochen zu einem Gesicht des Klimas und des Schulschwänzens geworden. Schüler gehen freitags auf die Straße, für das Klima zu demonstrieren!
Aber Achtung!
Was wissen die Schüler, Jungendlichen und anderen Menschen, über das Klima? Im Text 10 gebe ich Wissen über Klima weiter!
Kinder und Schüler, auch diese Greta werden instrumentalisiert! Für ein Klima, mit dem sehr viel Geld verdient und gleichzeitig Angst gemacht wird! Die grüne Partei geht da mit dem grausamsten Beispiel voran! Durch die Angst, um das Klima, sind die Menschen blind für die wahren Dinge und Aspekte!
Es wird höchste Zeit, dass die jüngsten unter uns, das Bauen in die Hand nehmen. Kinder bauen schon sehr früh mit Bauklötzen und Lego-Bausteinen große Türme und Häuser!
Was würden sie tun, wenn sie wüssten, dass ihre Eltern, sie überwiegend in ungesunden Häusern und Plastikkinderzimmern, spielen und schlafen lassen? Was dann? Mit immer größeren gesundheitlichen Beeinträchtigungen, müssen unsere Kinder auskommen, aushalten, mithalten und fertig werden!
Atemwegserkrankungen und Allergien entstehen durch falsches Heizen, zunehmenden Schimmel, verkeimte Lüftungsanlagen und durch gefährliche OSB-Platten! Die Liste ist noch viel länger.
Kinder müssen auch die rasant zunehmenden gerichtlichen Auseinandersetzungen mit Bauträgern, Häuslebauern und Dämmern, ihrer Eltern aushalten. Existenzen stehen immer wieder auf dem Spiel, wenn dann solche „Schuldigen", die Finger heben und die Pleite ansagen!
Kurze Zeit später sind sie unter anderem Namen wieder da! Das ist zum Kotzen!
Kinder, fragt bei euren Eltern nach, wieviel Sondermüll in eurer unmittelbaren Nähe ist! Der Gipsputz ist höchstwahrscheinlich genauso Sondermüll, weil vor paar Jahrzehnten die Grenzwerte verändert wurden.
Die Erwachsenen sind überfordert! Verantwortliche für die Dämmung, wissen nicht, wie sie umkehren sollen! Helft den Erwachsenen! Sagt ihnen, es gibt den U-Wert effektiv, für funktionierendes Bauen!

28. Die Baurevolution für die Babys!

Schwangere Frauen vegetieren immer mehr in verschimmelten, feuchten und falsch beheizten Räumen. Was soll das, sehr geehrte Bauexperten?
Was sind das für Grundlagen, ein gesundes Kind zur Welt zu bringen!
Wir wollen eines der höchstentwickelten Länder auf der Erde sein und wissen nicht, wie wir für Frau und Kind ein gesundes Heim schaffen!
Wenn das Kind in der Klinik zur Welt kommt, ist das eine elektrosmogbelastete und laute Umgebung, voller Apparate und Geräte. Das sind die ersten Schockerlebnisse, in den ersten Stunden des Lebens. Aus dieser unwirklichen Umgebung, kommt es nach Hause.
Ein erfahrener Vollholzhausbauer hat festgestellt, dass wir überwiegend in Räumen, mit unnatürlichen, energieraubenden Innenwandoberflächen leben müssen!

Wir wissen heute, dass durch Photonenkameras die Oberflächen von Innenwänden aufgenommen werden können. Diese Aufnahmen in Verbindung mit Menschen, zeigen, ob wir Energie aufnehmen oder mehr abgeben und verlieren. Babys und Kinder schlafen heute überwiegend in Betten mit Kunststoffoberflächen oder in unnatürlich gestrichene Holzbetten!

Ein natürliches Wachsen und Gedeihen eines Kindes ist da kaum möglich!
Babys, fordert schon im Bauch der Mutter, bevor ihr das Licht der Welt erblickt, das natürlichste Vollholzbett, mit natürlich geschlagenem und getrockneten Holz. **Achtung!** Im Holzfachmarkt gibt es fast ausschließlich kammergetrocknetes Holz, was seine Natürlichkeit verloren hat!
Ein sorgsamer Vater baut oder läßt euch so ein Bett bauen!

29. Baurevolution für Freie Schulen!

Die Bildung ist mittlerweile in Deutschland katastrophal. Einfachstes Grundwissen wird den jungen Menschen nicht beigebracht.
Das Grundwissen, wie ein Haus oder eine Wohnung funktionieren muss, wird nicht gelehrt. Auch wie eine Wohnung oder Haus vor einem Einzug hergerichtet sein muss, wird kaum gelehrt.
Mit überlasteten Lehrern, heruntergekommenen Schulen und Lehrpläne aus dem Mittelalter, müssen die Kinder und Schüler klarkommen!
Immer mehr Eltern haben die Nase voll und gründen unter schwersten Bedingungen, freie Schulen. So wie in Elze und Hildesheim in Niedersachsen.
Diese freien Schulen werden ein Segen für die Kinder sein! Da können sie sich wirklich entfalten. Sie können sogar sagen, dass sie keine Lust haben

zu lernen! Da komme ich ins Spiel! Ich hatte als Kind auch lange keine Lust zu lernen. Was sich jahrelang bei meinen Zensuren wieder spiegelte.

Zu einer Grundausbildung eines Menschen, gehört wie man sich gesund hält und ernährt. Genauso gehört dazu, dass Kinder schon wissen, wie ein gesundes Haus funktioniert.

Sie lernen heute in der Schule die schwersten Rechenaufgaben, dürfen aber nicht das funktionierende Bauen mit dem U-Wert effektiv rechnen.

Auf der einen Seite werden sie überfordert und auf der anderen Seite, dürfen sie nur das lernen, was der Politik und der Industrie in den Kram passt!

Es ist ganz einfach mit Kindern, Bauen zu spielen. Sie lernen spielerisch, das Bauen in ganz jungen Jahren.

Ich kann mir kleine Kellen vorstellen, kleine Mauersteine, mit denen Kinder kleine Häuser mauern! Der Fachkräftemangel, gerade auf dem Bau, ist größtenteils darauf zurückzuführen, dass dieses Bauen so kompliziert geworden ist. Kinder und Jugendliche wissen nur, das Bauen schmutzig ist!

Sie können schon sehr zeitig lernen, wie eine richtige Heizungsform funktioniert. Zusätzlich lernt der Mensch richtig zu lüften und zu welchen Zeiten! Nebenbei lernen sie spielerisch, das Einmaleins, Längenmaße, Gewichte, kleine Baustatik. Sie lernen die Bauphysik schneller zu verstehen, als die heutigen studierenden Bauphysiker, die nur das lernen dürfen, was der Politik in den Kram passt.

Was passiert, wenn ein Kind eine kalte Flasche Wasser aus dem Kühlschrank nimmt und in einen warmen Raum stellt. Sie beschlägt sehr schnell! Warum? Bauphysik! So würden viele Kinder glücklicher nach Hause kommen, die das Schulische von heute nicht so schnell verstehen können.

Sie lernen von Anfang an, was gesunde Baustoffe sind. Schnell wissen sie, wo sich in ihrer Region, Kies- und Sandgruben, Kalk- und Ziegelwerke befinden. Diese Werke können mit den Kindern besucht werden. Kinder würden ganz anders aufwachsen! Das alle den gleichen Einheitsbrei pauken müssen, ist nicht nachvollziehbar! So hätte auch der Sondermüll keine Chance auf unseren Baustellen. Ich fand erst in der Lehre, mehr Lust zum Lernen. Kinder haben alle Chancen verdient.

Grundwissen Bauen, rund um das Wohnhaus, gehört in jede Schule!

30. Baurevolution für jugendliche Hauptschüler!

Die Baurevolution wird sehr schnell stattfinden, weil die Menschen an der Brücke stehen. Entweder geht es weiter bergab, mit dem Bauen, der Gesundheit und der Ernährung oder sie fangen an, mit dem gesunden

Menschenverstand, die Missstände zuerkennen und selbst die Initiative für das eigene Leben zu übernehmen.

Hauptschüler haben es in dieser digitalisierten Welt sehr schwer. Ich habe es nie bereut, letztlich auf dem Bau gelandet zu sein! Überall in Deutschland kann ich meine Händearbeit sichtbar vorzeigen!

Die Digitalisierung eines Rohbaus wird nicht gelingen. Das ein Roboter ein Haus mauert oder saniert, wird es so schnell nicht geben. Er kann das richtige Maß nicht sehen und fühlen.

Wenn wir wieder richtig bauen wollen, dann mit dem gebrannten Ziegelstein!

Wir leisten uns gigantische Sondermüllhäuser und sind zu geizig den gebrannten Ziegelstein wieder in die Hand zu nehmen! Es muss nicht unbedingt der Vollstein sein! Der 2 DF-Stein, Maße 24 x 11,5 x 11,5 cm in Verbindung mit dem 3 DF-Stein, Maße 24 x 17,5 x 11,5 cm, für eine Außenwand, ist optimal. Die Stoß- und Lagerfuge, also die waagerechte und senkrechte Fuge ist voll vermörtelt. So entsteht die Homogenität des Mauerwerks.

Die Steine sind vielleicht etwas teurer und der Lohnanteil höher, aber die Qualität der Außenwand und Langlebigkeit, steigt sehr! Es darf sein, dass der Baumeister, Maurer, viel mehr Geld verdient, als die Industrie, mit ihren Maschinen!

Schon heute kann ein guter Baumeister, einen hohen Stundenlohn verlangen! Den bekommt er auch, wenn er sein Allroundkönnen unter Beweis stellt!

Die Gesellschaft muss es sich leisten können, den Bauhandwerker hoch zu bezahlen, damit die jungen Leute, die Baulehrlinge, genauso viel wert sind, wie Abiturienten oder Studierende! Der eine hat Theoriekönnen und der andere Praxiskönnen. Keiner kann ohne den anderen!

Die Gesellschaft wird begreifen, dass die schwerere Arbeit höher bezahlt wird, als die leichte Arbeit am Computer.

Wenn durch die Baurevolution begriffen wurde, wie chaotisch und kaputt das Bauen ist, dann wird das Bauhandwerk zum goldenen Boden.

31. Baurevolution für Maurerlehrlinge!

Hier kommt sofort die Anklage an die Handwerkskammern, die den Baulehrlingen nur Halbwissen lehren! Da wird der nichtfunktionierende Dämmbaustil gelehrt anstatt den funktionierenden Massivbau! Wer will sein langes Bauleben, mit Sondermüllbaustoffen verbringen?

Was fällt den Handwerkskammern ein, den Lehrlingen einen Beruf erlernen zu lassen, mit dem er in Zukunft höchstwahrscheinlich sehr viele Bauschäden verursacht!

Es wurden in den letzten Jahrzehnten, natürliche Baustoffe gegen Kunststoffbaustoffe ausgetauscht! Wer erklärt den Lehrlingen, dass diese Baustoffe nicht mit Feuchtigkeit umgehen können. Das ist der größte Grund, was zu Bauschäden führt!

Der Baulehrling zum Dämmer? Was wird aus ihm, wenn er erfährt, dass das Wärmedämmverbundsystem (WDVS), gegen alle natürlichen Regeln der Baukunst verstößt?

Wer übernimmt die Verantwortung?

Als ich 2007 erfuhr, dass das Bauen schon damals gegen die Wand gefahren ist, wollte ich es nicht glauben! Dem Lipperländer Architekt, ist es in den letzten Jahren ähnlich ergangen, als ihm durch seine Sachverständigentätigkeit klar wurde, dass das Bauen kaputt ist!

Ich habe meine Baudepressionen hinter mir und in meinem ersten Buch: *„Dämmbaustil oder Baumeisterkunst?"* aufgearbeitet und nieder geschrieben!

Nun setze ich mit der geschriebenen Baurevolution ein Zeichen, für die Lehre, für die Ausbildung junger Menschen. Sie sind den Systemen und Strukturen ausgesetzt und müssen diesen vertrauen?

Das Internet wird die Baurevolution wie ein Lauffeuer durch das Land tragen und die Menschen zum Nachdenken zwingen!

32. Baurevolution für die Baustudenten!

Die Bauingenieurstudenten vertrauen den Uniprofessoren. Ein junger Mensch, hat mit dem Abitur eine höhere Bildung erreicht und möchte Bauen studieren. Er möchte das zukünftige Bauen mit gestalten und prägen!

Meistens studiert er oder sie, weit weg von der Heimat und muss häufig in überteuerten und gedämmten Häusern wohnen!

Unter welchen erbärmlichen Voraussetzungen müsse Menschen studieren?

Schon beim Schreiben kann einem schlecht werden, welch Missbauen und Misswissen an die Studenten herangetragen wird.

Ich habe 7 Jahre gebraucht, bis ich begriff, dass das Bauen gegen die Wand gefahren ist! Wie lange werden diese Menschen brauchen, um hinter den U-Wert-Schwindel zu kommen? Ich werde ihnen helfen und das Buch in die Universitäten tragen.

Mit dem Lipperländer Architekt werde ich in die Universitäten gehen, damit dieses Missbauen ein Ende hat!

Heute studieren schon mehr Frauen als Männer Architektur! Wollen wir Männer, die das Bauen geprägt haben, auch da von den Frauen überholt werden? Wollen wir Männer, die Verursacher des Bauskandals, darauf warten bis uns die Frauen das Bauen um die Ohren werfen? Es wird Zeit, dass die stumpfen Kisten, mit ihren knallharten Geraden, durch die weichen, weiblichen Linien wieder aufgemischt werden!

33. Baurevolution für den Maurermeister - Baumeister!

Vor 150 Jahren gab es den Baumeister, der Gebäude, Paläste oder Villen, nach seinem geerbten Wissen und Können plante. Der Fuldaer Barockbaumeister, war erst Stuckateur, also Handwerker, bevor er zum Baumeister aufstieg! In dieser Zeit, bis Anfang 1900, entstanden wunderschöne Häuser und Bauwerke! Gerade, eckige, runde, schräge Formen, waren so angeordnet, dass sich das Auge an den Fassaden verfing. Der goldene Schnitt, war ein ungeschriebenes Gesetz!
Der große Teil der damals verwendeten Baustoffe, wurde aus der Region herangeschafft! Heute werden die Sondermüllbaustoffe hunderte Kilometer durch die Landschaft gekarrt. Die Regionalist der Häuser ist in ganz Deutschland vermischt. Heute sehen wir überwiegend, nur noch die wie weiße Fassade, mit Plastikfenstern, wo die Rolladen heruntergezogen sind! Kein schützender Dachüberstand ist mehr da, der das Haus vor der Sommersonne und dem Wetter schützt.
Heutige Fassaden haben nichts mit Schönheit zu tun. Diese Fassaden zeigen den Ausdruck der harten Männerwelt. Vier Linien hat die Hauskiste, unten, oben, rechts, links und ein paar willkürlich verschiedene Fenster rein geschmissen. Fertig ist die traurige Dämmwelt!
Seit Jahrhunderten entwickelten sich die Fassaden, die Fensterformen, Gesimse und anderes Schmuckwerk! Die Fassaden bekamen ihre Verkleidung aus Naturstein, Ziegel oder Außenputz! Zumeist wurde der Putz auch eingefärbt oder mit Glimmer versehen. Die oberste schützende Schicht auf dem Putz war lange Zeit der Kalkanstrich! Bis heute ist das Handwerk bekannt.
Seitdem die Industrie das Handwerk übernommen hat, geht dieses Handwerk nach und nach verloren. In einer Geschwindigkeit, die so überhöht ist, dass nur noch ein Bauverbot hilft, dieses geniale Händehandwerk noch zu retten.
He, Sie Verantwortlichen der Handwerkskammern!
Was tun Sie für das Bauhandwerk, für den Baumeisterstand?
Nichts!
Das ist ein Verbrechen an der Baugeschichte und den Baumeistern!
Sie sind die Hauptschuldigen, weil sie kein Rückgrat gegenüber der Industrie hatten! Der Malermeister soll jetzt der Baumeister sein, der die Fassade beherrscht! Er beherrscht den Bauschaden vorsätzlich, weil er nicht versteht oder verstehen will, dass ein Haus von innen nach außen offener werden soll!

Der Dreilagenputz ist das Naturgesetz der Fassade! Beherrscht der Malermeister diesen Putz, wenn nicht, hat er die Fassade zu verlassen.
Er ist komplett an der Fassade gescheitert!
Mit dem Dämmbaustil und genauso mit seiner Kunststofffarbe!
Das ist eine **Sechs und durchgefallen!**

„Dreimal D? Dumme, dämmen, dicht!"

Ihr Baumeister, Ihr habt das natürliche Recht, Euch das Haus und die Fassade zurückzuholen. Es ist nicht mehr viel Zeit. Mit 56 Jahren kann ich das Bauhandwerk noch lehren und zeigen. Die Baurevolution kommt von meinem Bauherzen!
Es ist eine, der letzten Chancen, für das funktionierende Bauen!

34. Baurevolution für den Dachdecker und Zimmermann!

Diese Gewerke sind von den Handwerkskammern genauso über den Tisch gezogen worden wie die Baumeister! Das funktionierende Haus,entsteht mit diesen Gewerken in seiner Gesamtheit.
Auf *Konrad Fischers Infoseite* sind viele Bauschäden zu sehen!
Meine Baurevolution und das Schreiben dieses Buches kennt noch einen weiteren Grund.
Der Lipperländer Architekt! www.bauteam-lippe.de
Durch seine lange Sachverständigentätigkeit wurde ich auf die sichtbaren großen Bauschäden, der Dachkonstruktionen aufmerksam gemacht! Ich durfte mit zu einer Wohnanlage mit 25 Einheiten, auf 2 Gebäude aufgeteilt! Vor 3 Jahren sind die Eigentümer eingezogen!

Seit 3 Jahren gibt es keine Abnahme der Gebäude!
Eklatanter Baupfusch! Der Hammer! Der Generalunternehmer hat gedacht, dass dieses Millionen Bauvorhaben bis zur 4. Stufe der Planungsphasen reicht, um solche Gebäude mit höchster Qualität fertig zu stellen! Die Ausführungsplanung überließ er den Gewerken!
Folge: Planung- und Ausführungsfehler, dass einem die Haare zu Berge stehen. Punkt!
Stopp!
Das Bauchaos muss im Interesse der Menschen und Kunden gestoppt werden! Das Dachdecker seit Jahren überfordert sind, zeigen die Bauschäden, die der Lipperländer Architekt aufdeckt!
Die Innungen der jeweiligen Gewerke haben die Pflicht, eine gemeinsame Lektüre zu verfassen. Diese Schriften haben die Handwerkskammern zu übernehmen.
Keine Industrie oder Politik hat etwas zu sagen! Punkt!

Zuerst kommt die Qualität der Gebäude. Die Industrie hat die Baustoffe zu liefern, die gefordert werden. Dämmbaustoffe werden in Kürze nicht mehr benötigt. Was die Industrie daraus macht, ist ihre Sache! Sie hat sich darauf einzustellen!
Dachdeckermeister und Zimmermeister, es ist auch Eure letzte Chance, das Missbauen wieder in ein goldenes Bauzeitalter zu verwandeln!

35. Baurevolution für Planer, Architekten und Bauingenieure!

Das Architekten noch richtig planen und bauen können, zeigt zum Beispiel *Albert Ringlstetter*. Sein Buch: *„Der Weg zum richtigen Bauen"* ist wohl das beste Baubuch der letzten Jahre! Ich erstand es vor Jahren für über 100 Euro! Das Buch ist es Wert!
So wie ich viele Jahre das Bauen falsch dachte, ergeht es heute den meisten Menschen, Handwerkern und Planern!
Albert Ringlstetter plant und baut Häuser im goldenen Schnitt. Seine Häuser zu sehen, ist eine Wohltat für das arg strapazierte Dämmauge!
Die Wortwahl und das Wissen, was der Architekt Ringlstetter beschreibt, versteht jeder!
Es ist heute, eine sehr gefährliche Zeit. Wer sich nicht allumfänglich, um seine Gesundheit, Ernährung und das Haus informiert, der bleibt auf der Strecke! Der Lipperländer Architekt ist heilfroh, dass er nach seinem Studium nicht in den Dämmbaustil gewechselt ist.
Wie soll man es später seinen Kindern erklären? Sie erfahren, dass der hochgebildete Architekt, zumeist Vater, jahrelang falsch geplant hat. Die Bauten sind ja überall noch sichtbar, wenn sie nicht schon abgerissen sind!
Architekten und Planer müssen heute immer weiter steigende Bauhaftpflichtversicherungen abschließen und vorzeigen.
Was ist, wenn die Versicherungen von der Baurevolution erfahren?
Sich einzugestehen, dass fehlerhaft gebaut und geplant wird, ist die eine Seite! Die andere Seite steckt darin, dass die Architekten bis zu 30 Jahre für ihre Planungen haften! Die in den Wandbauteilen oder Dächern gefangenen Bauschäden, die erst nach und nach ans Licht kommen, werden den Kollateralschaden im Bauen perfekt machen!
Folge: Kein Architekt überlebt das! Keine Versicherung versichert dann noch Architekten!
Es ist eine Situation, die die Menschheitsgeschichte noch nicht erlebt hat.
Das ist heute eine „hochentwickelte Missbauensentwicklung" Mir fallen immer mehr neue traurige und aufrüttelnde Wörter ein!

Die Freude zu schreiben, ist auch sehr begrenzt. Ich würde lieber über das wundervolle Bauen schreiben, als allen Dämmern auf die Füsse zu treten.
Ich bin mir über den Inhalt und die Konsequenzen des Buches bewusst!
Wenn Strukturen nicht funktionieren, dann gehören sie geändert! Punkt!
Die DDR hat es erfahren! Firmenchefs erfahren durch Konkurse immer wieder diesen Punkt!
Ein U-Wert ist nur im Labor erreichbar und der U-Wert effektiv ist existent! Das ist die Realität! Dann gehört dieser Wert von heute auf morgen abgeschafft.
Wenn die Politik es nicht tut, dann das Volk, die Handwerker und Planer, die durch die Baurevolution, aus ihrem Dämm(er)schlaf heraus gerissen werden!
Architekten und Ingenieure, es gibt nicht mehr viele Chancen!

36. Baurevolution für den Bauphysik-Professor!

Kein Professor, der das Dämmbauen mit erschaffen hat und weiter befürwortet, lehrt und prüft, kann mir das Wasser reichen!
Ich nehme alles zurück, wenn er mir in Theorie und Praxis beweist, dass die Vorwürfe der U-Wert-Kritiker falsch sind!
Er hat zu beweisen, das dass Speicherfähigkeit und der solare Eintrag in eine massive Außenwand nicht stattfindet!
Er hat zu beweisen, dass der Eintrag dieser gewaltigen Energiemengen, nicht zu immensen Energiegewinnen eines Hauses beiträgt!
Er hat zu beweisen, dass die Wirtschaftlichkeit gegeben ist. Bauen wird natürlich, Herr Bauphysik-Professor? Ist Ihnen der Sondermüll egal, der massenhaft unsere Häuser ziert? Was ist mit den nächsten Generationen, die mit diesem Sondermüll zu kämpfen haben?
Das Haus, die Menschen, die Handwerker und Planer erwarten Antworten!
Herr Professor! Wieviel Kraft kostet es, als Maurermeister, 12 Jahre dieses unsägliche nichtfunktionierende Bauen auszuhalten? Wieviel Kraft kostet es dies alles aufzuschreiben?
Es gilt der Verdacht des massenhaften und undefinierbaren Betrugs, durch falsche Lehren, falsche Wissenschaft und falsche Verordnungen! All das Wissen, die Erkenntnisse, die Vorwürfe und Erfahrungen habe ich von Architekten, Ingenieuren, Professoren, Handwerkern und anderen Persönlichkeiten! Ich kann erwarten, dass alle Professoren an einer Universität, das allgemein, anerkannte und richtige Wissen einheitlich lehren!

„Wir werden alle zu der Wahrheit, für die wir bereit sind",

Neale D. Walsch

Mit meinem Buch werden alle bestärkt, die Wahrheit zu suchen und zu finden! Das Bauen hat auch einen Seelenplan, wie wir Menschen!

37. Baurevolution für den Universitätsprofessor!

Viele junge Ingenieure oder Professoren, haben beim Studium, entweder nicht aufgepasst oder sich einfach nicht getraut, nachzufragen?
Es ist für mich unerklärlich, wie höher gebildete und eigentlich logisch denkende Menschen, nicht mitbekommen, dass beim heutigen Bauen etwas nicht stimmt!
Weiter frage ich mich, wie ich, der nie Lust hatte, in der Schule zu lernen, heute so ein gigantisches Wissen zusammensammeln konnte! Es macht mich etwas stolz! Aber zugleich traurig, wütend und frustriert, was aus dem deutschen Bauen geworden ist!
Theoretiker, die vielleicht nie einen Stein gesetzt oder einen Quadratmeter geputzt haben, verkaufen für ihr Ego das Bauen bis zur Unkenntlichkeit!
In den letzten 10 Jahren, nach meinem ersten Buch, habe ich immer wieder Bücher geschrieben, ohne sie zu veröffentlichen. Viel Wut und Groll beherrschten die Zeiten! Heute weiß ich, dass der Zeitpunkt noch nicht reif war. Ich noch nicht reif war!
Ich bin soweit, dass ich in den Grundzügen nicht mehr diskutiere. CO_2, U-Wert oder Dämmen. Manche brauchen etwas länger, auch junge Ingenieure und Professoren! Es ist äußerst unbequem, wenn bemerkt wird, dass die Wahrheit eine andere ist. Jedem Menschen darf der Irrtum zugestanden werden!
Heute bestärke ich ich die Menschen, einzusehen, umzudenken, sich und anderen für die Fehler zu verzeihen! Das sind die Aufgaben, unserer Menschheit! Dazu gehört viel Mut und Selbstbewusstsein. Beides entwickelt sich durch wahres und nachvollziehbares Wissen. Jeder Mensch, mit gesundem Menschenverstand, hat Zugang dazu!

Für Sie, als Universitätsprofessor ist es Zeit, endlich das wahre Bauwissen zu lehren!

38. Baurevolution für die Wissenschaft!

In den letzten 20 - 30 Jahren haben wenige anerkannte Wissenschaftler, die Baugeschichte, für ihr Ego und für ihre Macht geopfert. In dieser Zeit ist die wahre und folgerichtige Weiterentwicklung der Baugeschichte zum Stehen gekommen.

Das einseitige diktatorische U-Wert Bauen hat zum Dämmbaustil geführt! Daraus sind die schon theoretisch nicht funktionierenden Niedrigenergie-häuser, Passivhäuser bis hin zu Plusenergiehäuser entstanden. Wenn sich Menschen einmal verrannt haben, kennen sie kein Halten mehr. Sie erfinden immer weitere Leuchtturmprojekte, bis alles auffliegt!

In dieser Zeit ist durch dieses dumme U-Wert Bauen auch das falsche Heizen, mit den doppelten Plattenheizkörpern, entstanden. Anstatt die gesunde Strahlungsheizung weiter zu entwickeln, wurde die ungesündeste Heizung weiter gezüchtet.

Frage an die wahre Wissenschaft? Wo wird beim Dämmbaustil das unnatürliche, ungesündeste, unwirtschaftliche Sondermüllbauen widerlegt und dafür der Dämmbaustil ausführlich erklärt?

In dieser einseitigen Zeit sind die Entwicklungen im Massivhausbau zum Stillstand gekommen. Die Wissenschaft will doch wirklich nicht, die Ziegelentwicklung mit den großformatigen Steinen als Erfolg bezeichnen.

Zuerst wurden jahrelang die Steine immer größer. Die senkrechten Löchern wurden immer mehr und die Steine leichter! Als das ausgereizt war, fing die Ziegelindustrie wieder an diese Steine mit allem möglichen Dämmzeugs zu füllen.

Der Vorgang ist ein bedauerlicher Ziegelirrweg!

Vom vollen Ziegelstein, über den großformatigen leichten Blockstein, zum gedämmten Blockstein und zurück zum irgendwann erforderlichen und vernünftigen Steinformat. Zum Beispiel 2 DF und oder 3 DF, wie auch im 32. Text beschrieben!

Wenn die Wissenschaft dieses einseitige Bauen, objektiv und neutral erforscht hätte, gäbe es dieses Buch und die Schieflage nicht! Das von einem Maurermeister eine Baurevolution nötig ist, um dem Missbauen ein Ende zu bereiten, ist die größte Niederlage der Bau-Wissenschaft!

Menschen werden hier zu Unrecht von Steuergeldern bezahlt!

39. Baurevolution für die Deutsche Energie Agentur (Dena) und KfW-Bank!

Schauen wir auf die Dena-Website. Da steht ab sofort ein Fachportal „Energieeffizientes Bauen und Sanieren" zur Verfügung. Das im Auftrag des Bundesamts für Wirtschaft- u. Ausfuhrkontrolle (Bafa) erstellte Angebot, richtet sich an Profis aus Energieberatung, Architektur, Ingenieurwesen und Handwerk, die im Bereich des energetischen Bauens und Sanieren tätig sind. Was weiter auf der Website steht, zeigt, dass das U-Wert-Bauen Gesetz ist. Das Sondermüllbauen klingt nach dem einzigen richtigen Weg. Ein Massivbauen ist nicht zu finden!

Energieeffizient Bauen, aber nicht U-Wert effektiv. Alles „Gute" wird mit effizient oder effektiv beschrieben. Nur bei dem U-Wert bleiben die

„Energiebauexperten" bei immer neuen „Erfindungen", Erklärungs-
versuchen und Durchhalteparolen!
Ein Maurermeister und eine Lipperländer Architekt bringen so viele
Beweise gegen dieses U-Wert Bauen, dass auch der letzte
Dämmenthusiast zum Nachdenken gezwungen wird!

Energieberater bekommen alle Instrumente gestellt, von der
Vertragsgestaltung, Datenaufnahme in Wohngebäuden und Baube-
gleitung! Die Computer werden mit genügend Daten gefüttert! So kann
nichts schief gehen, beim Bauen in die Bauschadensfalle! Der Ausdruck
aus dem Computer offenbart, die meisten Energiesparmaßnahmen! Allen
voran das Wärmedämmverbundsystem (WDVS), Fenster wechseln und
mehr! Jede Sanierung eines alten Hauses, mit einem „ausgebildeten"
Energieberater von der Dena, endet höchstwahrscheinlich in einem
finanziellen Bauschadensfiasko!
Die vielen Fördermaßnahmen werden gleich durch die einseitige KfW-
Bank abgewickelt.
Da wird ein Bauen gefördert, was das unnatürlichste, das
unwirtschaftlichste, das ungesündeste, das kostenintensivste und das
niveauloseste Sondermüllbauen in der Baugeschichte ist! **Das ist nicht
widerlegbar!**

Die KfW-Bank bringt das Wort Förderung ins Spiel! Die große Förderung
bleibt aus! Von 100.000 Euro ist der Zuschuss für den Weg in die
„Bauschadensfalle" äußerst gering! Greift die Bauschadensfalle muss
trotzdem zurück gezahlt werden. Ein nicht kalkulierbares Risiko!
Diese Bank finanziert das nichtfunktionierende U-Wert-Bauen. Das ist die
Diskriminierung des massiven funktionierenden Bauens!

40. Baurevolution für unmoralische Generalunternehmer (GU)!

Im Mai 2019, in der Nähe von
Münster. 2 Mehrfamilienhäuser
(Foto) mit insgesamt 25 Einheiten
warten nach 3 Jahren immer noch
auf die Abnahme! Ein GU kassiert
ab und leistet sich gerade mal die
Planungsschritte bis 4, zur
Baugenehmigung! Danach dürfen
die Gewerke ihre
Ausführungsplanung selbst
gestalten! Unmenschlicher und
unprofessioneller geht es nicht!

Foto: Jaskulski

Danach gibt es von dem **General**unternehmer keine Ausführungsplanung, keine Vergabe, sowie schlechte Objektüberwachung und Dokumentation. Der Lipperländer Architekt deckt haarsträubende Fehler auf. Es ist kaum zu glauben, dass alle Gewerke, allein für die Ausführungsplanung verantwortlich sind. Grobe Fehler in der Tiefgarage, auf den Balkonen, Entwässerungen und auf dem Dach! Dazu kommt der Dämmbaustil! Die Fassaden sind schon nach 3 Jahren veralgt und zeigen ihre Untauglichkeit! Das liegt weniger an den Handwerkern. Das ist das System, was nicht funktioniert! GU's auf den Prüfstand!

41. Baurevolution für die Mieter!

Schon in meinem ersten Buch: *„Dämmbaustil oder Baumeisterkunst?",* spreche ich die Mieter direkt an. Die Situation für die Mieter wird immer dramatischer. Längst gibt es echte rechtliche Grundlagen, jede Mieterhöhung in Verbindung mit den Energiesparmaßnahmen abzuwehren! Die gravierende Unwirtschaftlichkeit der Maßnahmen bilden das Hauptmerkmal.

Die überwiegenden Maßnahmen, allen voran das Wärmedämmverbundsystem (WDVS), enden in einem finanziellen Fiasko!

Im Bürgerlichen Gesetzbuch (BGB) steht im Paragraph 555 b, ausdrücklich, dass die Endenergie sinken muss, wenn solche Maßnahmen durchgeführt werden. Ich habe letztes Jahr Mieter in Langenhagen befragt! Sie hatten vor der Modernisierung durchweg weniger als 1000 Euro Heizkosten im Jahr. Nach der „Modernisierung" bezahlen sie sofort 2000 - 3000 Euro. Wo ist die Heizkosteneinsparung! Wenn die Heizkosteneinsparung 500 Euro ausmachen würde, bleibt ein **Minus** von 1500-2500 Euro. Jedes Jahr! In dem Fall sind das in 10 Jahren 15.000 - 25.000 Euro **Mehrkosten.** In Langenhagen betrifft das hunderte Menschen! Sie bezahlen zusätzlich für die Bauschadensfalle und höchstwahrscheinlich für die vorsätzliche Zerstörung des Wohnhauses! Was ist Betrug? Wie ist in diesem Land das Rechtsempfinden? Alle Mieter, die eine gewaltige Umlage, zusätzlich zu ihrer schon steigenden Miete bezahlen, können sich dagegen wirksam wehren!

Foto: Jaskulski - Ein Effektivhaus wurde dick gedämmt und zum U-Wert-Haus vergewaltigt!

Das ist nicht nur Bauen gegen den Menschen und die Natur, sondern ein beispielloses Abkassieren! Früher haben sich Mieter zusammen geschlossen und gehandelt. Wenn die Umlage einfach nicht mehr bezahlt werden würde! Was will der Vermieter oder die Hausverwaltung einklagen, was er höchstwahrscheinlich zu unrecht kassiert?
Die Mieterverbände und -vereine sind gefordert, diese Missstände zu beheben!

42. Baurevolution für den Vermieter und Hausbesitzer!

„Unwissenheit schützt vor Schaden nicht" heißt ein Sprichwort! Wenn Vermieter und Hausbesitzer von allen hier aufgeführten Mahnungen wüssten, was wäre dann? Sie würden die Energieberater und Baupfeifen in den Wind schießen.
Es gibt aber auch viele Vermieter, die sich an den Umlagen, eine goldene Nase verdienen und die Mieter regelrecht abzocken. Sie denken, sie sind im Recht! Nicht mehr lange! Sie sind es nicht!
Es wird zu Einstellungen von Zahlungen der Umlage kommen, wenn Mieter herausfinden, welch' Unrecht hier geschieht. Darüber hinaus, werden Gerichte für die Mieter entscheiden! Das heißt, die höchstwahrscheinlich zu unrecht gezahlten Umlagen, müssen wieder zurück gezahlt werden!
Die Mieten, können dadurch ins Bodenlose fallen, was für die Mieter auch sein Gutes hat!
Der Vermieter und die Mieter sind in den letzten Jahren gegeneinander ausgespielt worden! Beide haben nur eine Chance! Die heißt: **Miteinander!**
Denn ich werde mit der Baurevolution, beide Seiten stärken!

43. Baurevolution für Familie, Freunde und Bekannte eines Bauwilligen!

Ich bin nun seit 2007 mit dem richtigen Bauen konfrontiert. Seitdem scheiterten immer wieder Beratungstermine, obwohl der Bauinteressierte, meine Einwände zum heutigen Bauen, verstand! Er verstand auch meine Alternativen und praktischen Vorschläge!
Immer wieder „wussten" Familienmitglieder, befreundete Architekten oder Handwerker, wie es besser geht. Wie es die Allgemeinheit macht, muss es doch richtig sein! So entschied sich der Bauinteressierte meistens für das U-Wert-Sondermüllbauen. Demzufolge gab er ganz sicher einige Zehntausend mehr aus. Eigentlich sollten meine schlechten Erfahrungen reichen, damit andere Menschen sie nicht auch machen!

Heute weiß ich, dass es so sein sollte. Die Zeit war noch nicht reif! Mit zunehmenden Jahren wich meine Wut, und die Gelassenheit kehrte ein! Auf meine Händearbeit konnte ich immer wieder zurückgreifen!
So tankte ich das Wissen von Persönlichkeiten weiter, theoretische Zusammenhänge und praktische Erfahrungen. Bis zum jetzigen Zeitpunkt!
Jeder Dämmexperte, was ja die meisten Menschen meinen zu sein, müssen die Vorzüge des Dämmbaustils erklären können!
Sie legen die Investitionszahlen und die Heizkosten bzw. Energiekosten der letzten 3 Jahre auf den Tisch. Dann ermitteln wir gemeinsam, an Hand der Nutzungsdauer, die Wirtschaftlichkeit! Raus kommt die Unwirtschaftlichkeit!
Sie weisen nach, das Polystyrol, Styropor, Mineralwolle, Holzweich-faserplatte und OSB-Platte kein Sondermüll ist!
Danach erklären sie die Bauphysik, die Diffusionsvorgänge in einer Außenwand und im Dachgeschoß!
Im eigenen Interesse sollte jeder Bauinteressierte seiner Intuition folgen! Alles wird im Netz erklärt!
Stellen Sie unbequeme Fragen, zur Wirtschaftlichkeit und Bauphysik. Lassen Sie nicht locker! Das spart jede Menge Geld, Zeit und Ärger!

44. Baurevolution für den Mieterverein!

Der deutsche Mieterbund ist eine sehr große Vereinigung, mit 320 örtlichen Mietervereinen und 1300 Mitarbeitern! Wie kann es sein, dass so eine große Vertretung von Mietern, die Mieter in der wichtigsten Sache nicht unterstützen?
Warum weiß der Mieterbund nichts von den wichtigsten Gesetzen und Verordnungen?
Warum läßt der Mieterbund die Umlage für die energetischen Modernisierungen zu? Im Bürgerlichen Gesetzbuch (BGB) ist im Paragraph 555 b ganz klar geregelt, dass eine Modernisierung, erst durch den Nachweis der Minderung der Endenergie stattfinden darf!
In der Energieeinsparverordnung (EnEV), im Paragraph 25, „Befreiungen", wird für jede Energiesparmaßnahme, die Wirtschaftlichkeit in der üblichen Nutzungsdauer gefordert. Die Nutzungsdauer ist längst auf 10 Jahre geregelt, wenn es wirtschaftlich sein soll! Damit sind von vorn herein, alle Energiesparmaßnahmen unwirtschaftlich!
Somit ist eine Umlage für die Mieter abzulehnen. Die geschriebene Baurevolution wird auch die Mietervereine zusätzlich aufklären und stärken. Der Mieterbund hat in einer Musterabwehrklage, für die Mieter für Klärung zu sorgen! Dann bekommen die Mieter, die zu viel bezahlten Umlagen zurück! Es geht um tausende Euro. Jährlich bezahlen Mieter,

schnell 2000 bis 3000 Euro mehr, nur um das Sondermüllbauen und die Wirtschaft zu unterstützen.
Allein dieser geschriebene kurze Absatz des Buches bringt, den Mietern Millionen Euro zurück. Sie brauchen sich nur zu wehren. Zusammen! Dafür ist ein Mieterbund zuständig! Dafür wird er von dem Mietern bezahlt! Es ist beschämend, was der Mieterbund dafür tut oder eher nicht.

45. Baurevolution für den Denkmalschutz

Der Denkmalschutz wird von der Baurevolution sehr schnell profitieren. Die Baurevolution ist für den Denkmalschutz eine riesige Chance! Der Denkmalschutz hat vom richtigen U-Wert Effektivbauen keine Ahnung. Deswegen verfallen Immobilien! Besser Milliardenwerte verfallen in den letzten Jahrzehnten! Wenn endlich das verquere Bauen aufhört, werden denkmalgeschützte Häuser unterstützt und nicht der Dämmbaustil!
Auch der Denkmalschutz hat über Jahrzehnte zugesehen, wie sich das U-Wert-Bauen immer mehr durchgesetzt hat. Natürliche Denkmäler mit Sondermüllbaustoffen zu füllen, ist widerwertig!
Es ist kaum zu glauben, dass in Hannover, das älteste Bauernhaus verfällt, nur weil der korrupte Dämmbaustil, das Sagen hat!
Das Bauernhaus in Altwarmbüchen wurde 1619 erbaut! Genau vor 400 Jahren! Man sieht es noch! Es steht noch! **400 Jahre alt!** Der Dämmbaustil versagt überwiegend schon nach einem Zehntel der Zeit, nach 40 Jahren! 400 Jahre spricht von funktionierendem Bauen!
Dem Eigentümer wird vorgeworfen, dass er nichts machen läßt! Ja, warum läßt er nichts machen? Die Politik hat jahrelang die Grundlagen für das „Nichtsmachen" gelegt. Das massive Mauerwerk, das massive Haus wird regelrecht diskriminiert! Wenn der Mensch diskriminiert wird, darf er sich wirksam wehren. Das massive Haus bekommt von der Baurevolution die Macht dazu!

46. Baurevolution für die Bauämter!

Die Bauämter sind die Institutionen, die letztendlich die Verantwortung über das Bauen tragen! Sie genehmigen Bauanträge oder nicht! Sie genehmigen den Dämmbaustil und wehren den echten Massivhausstil ab! Der Lipperländer Architekt, hat jetzt eine neue Firma gegründet. Ökologisches Planen und Bauen! Das Ökologisch, ist aber nicht nur eine Phrase, sondern zu 100 Prozent ernst gemeint. Der Dämmbaustil wird zwar als ökologisch verkauft! Was hat Sondermüllbauen mit Ökologie zu tun? Nichts!

100 Prozent ökologisches Bauen ist aber hier in Deutschland nicht möglich! Ein ökologisches Holzhaus besteht aus natürlichstem Holz. Aus Vollholz! Das wird nicht genehmigt. Noch nicht!

Der Lipperländer Architekt war bei den Bauämtern und fragte nach. Er fragte nach Befreiungen von der Enerigieeinsparverordnung (EnEV), wenn er so bauen möchte. Davon wissen sie nichts! Er fragte nach U-Wert Effektivbauen! „Keine Ahnung! Haben wir nie gehört!" Sie schickten ihn, von einem Zimmer zum nächsten, bis er fast aufgab!

Seine energischen Nachfragen haben dazu geführt, dass es zu einem Termin mit einem Verbraucherschützer kam! Ein Verbraucherschützer macht die Baugenehmigung? Was machen die Angestellten bei den Bauämter den ganzen Tag? Sie haben von den wichtigsten Dingen keine Ahnung! Beziehen aber stattliche Gehälter! Der Steuerzahler bezahlt die Menschen bei den Bauämtern! Für keine Ahnung, Geld bekommen!? Pervers!

Der Verbraucherschützer hat sich beim Termin, aber sehr gut verhalten! Denn ich war bei dem Termin dabei! Dieser Termin, dieser ganze Vorgang, schreit regelrecht nach der Baurevolution, nach Aufklärung, nach dem U-Wert-Effektivbauen!

Es sind untragbare Zustände in den Bauämtern. Ich war in Hannover-Langenhagen beim Bauamt und fragte da nach! Ich fragte zwei, drei Angestellte und wurde erstmal weiter geschickt! Unwissen ist bei den Bauämtern wohl an der Tagesordnung? Der zuständige „Profi" für Fragen zur Energieeinsparverordnung, zu Befreiungen, wehrte erstmal ab. Als ich näher fragte, nach Wirtschaftlichkeit und Nutzungsdauer, hatte er auch nur seine diktatorische „Ahnung"! Ich fragte für bestehende Gebäude nach Befreiungsanträgen! Abwehr! Die werden zu 90 Prozent abgelehnt! Einfach so, weil seine „Unwissenheit" Gesetz ist. Wie anmaßend!

Als ich deutlicher wurde, bequemte er sich, nachzuschauen. Siehe da! Er bestätigte die 10 Jahre Nutzungsdauer, als Grundlage für Wirtschaftlich-keitsberechnungen für bestehende Gebäude!

Die Baurevolution wird in den Bauämtern für Ordnung sorgen! Besser! Die Baurevolution sorgt dafür, dass die Angestellten, die von Steuergeldern bezahlt werden, auch das nötige Wissen besitzen! Sonst sollten sie sich besser um einen anderen Job umsehen.

Solche Bauämter, wo „Halbgötter" sitzen und das funktionierende Bauen ablehnen, braucht niemand!

47. Baurevolution für Immobilienmakler!

Immobilien haben heute das größte Spekulationsrisiko! Die Immobilienblase wächst und wächst. Ein noch größeres Risiko steckt in der zweifelhaften Bewertung heutiger Immobilien! Jede gedämmte, ob nachträglich oder neue Immobilie, sitzt schon theoretisch in der Bauschadensfalle.

Das U-Wert-Bauen hat die Bewertung von Immobilien auf den Kopf gestellt, und keiner merkt es. Es werden nur Dämmhütten neu gebaut, die nie funktionieren werden! Gedämmte Immobilien sollen per Gesetz mehr wert sein, als ungedämmte Immobilien. Die Kosten für gedämmte Häuser und Eigentumswohnungen nehmen groteske Züge an! Was in Schrottimmobilien investiert wird, merken die Käufer erst beim genaueren hinschauen oder erst viele Jahre später!

Ungedämmte alte Häuser oder auch Villen lassen Immobilienbesitzer, mehr und mehr verfallen! Über den echten Wert von massiven Gebäuden,haben sie wenig Ahnung!

Bei Lost Places kann sich jeder umschauen, wieviele Gebäude verfallen und abgerissen werden! Danach werden teure gedämmte Hütten, mit schlechten Heizungsformen und ungesunder Gebäudelüftung gebaut.

Verkehrte Bauwelt!

Verkehrte Immobilienbewertung!

Minus-Milliarden, statt Plus-Milliarden!

Viele Lost Places Gebäude sind wahre Rohdiamanten! Sie besitzen eine sehr gute Gründung, gemauert mit dicken Wänden oder viel Naturstein! Nach meiner Baurevolution, wird Bauen anders gedacht werden. Investoren werden, dem sinnlosen Dämmbaustil, den Rücken kehren!

Die Macht liegt im wahren Bauwissen! Nicht in dem was ALLE machen. Das geht nur eine gewisse Zeit so! Paar Jahrzehnte noch bis der große Knall kommt.

Der kommt jetzt! Die Menschen warten darauf! Der verunsicherte Handwerker schon lange! Die Architekten dürfen bald wieder richtig planen!

Jeder sollte das Bauen mit einem Diamanten vergleichen! Jemand kann einem anderen Menschen einen falschen Diamanten andrehen, weil er nicht zwischen einem echten und unechten Diamanten unterscheiden kann.

Genauso ist es beim Bauen! Das heutige Bauen wird allen untergejubelt. Nichts bleibt übrig von den hochgejubelten Heizkosteneinsparungen!

Immobilienmakler sind mitverantwortlich, ob sie gesunde und hochwertige Immobilien oder Schrottimmobilien verkaufen. Hat was mit Ehre zu tun!

Was kaufen heute große Wohnungsunternehmen oder Konzerne? Zum großen Teil gedämmte Schrottimmobilien!

Die Baurevolution wird die Ordnung herstellen! Es dauert höchstens einen Tag, um Immobilienmakler mit dem echten, wahren und moralischen Bauwissen auszustatten!

48. Baurevolution für Energieberater!

Ich spreche hier ganz deutlich Energieberater ins Gewissen. Von einer zweifelhaften Deutschen Energie Agentur (Dena) oder anderen Einrichtungen, auswendig gelerntes Bau-Unwissen, zerstört nachhaltig funktionierende Häuser und Gebäude!
Gehen Sie in sich! Lernen Sie erkennen, was Sie der Baugeschichte, den Menschen und Hausbesitzern antun!
Sie haben Verantwortung über Milliarden Euro! Wenn Sie ein junger Architekt oder Bauingenieur sind, dann ist es logisch, dass Sie noch nicht den ganzen Überblick, über das wirklich richtige Bauen haben können!
Als „intelligenter" Energieberater können die Menschen und Baukunden aber verlangen, dass Sie sich allumfänglich informieren! Die Menschen können verlangen, dass Sie Ihren gesunden Menschenverstand benutzen, wenn Sie sich von einer Institution einen Energieberatertitel holen! Eine Institution, die den Dämmbaustil als das Maß aller Dinge beschreibt! In der Wirklichkeit müssen sie sehen, dass Fassaden und Anstriche nicht funktionieren! Der Schimmel und die Feuchtigkeitsschäden in den Häuser, wachsen ins Uferlose! Den arroganten Finger, mit dem Sie auf die Handwerker zeigen, können Sie einstecken!
Ich spreche nochmal ganz deutlich die Energieberater mit dem Laptop an! Die einfach paar Daten eingeben und dann das Vollprogramm der Energiesparmaßnahmen ausdrucken und anmahnen. Sonst gibt es keine Fördermittel! Sonst muss der Kunde womöglich mit Strafen rechnen, wenn er anders oder nicht handelt. Da Sie nicht anders geschult sind (Ausnahmen bestätigen die Regel), verkaufen Sie dass Missbauen! Sie verkaufen das Bauen, was im finanziellen Ruin endet. **Sie, der Energieberater,** verordnet, die Verordnung! **Sie,** haben die Macht, es zu ändern! Wenn nicht, dann müssen **Sie** sich jetzt mit der Baurevolution auseinandersetzen! Sie werden hoffentlich vom funktionierenden Bauen hinweggefegt. Sie haben das überwiegend falsche Wissen, für Ihren Geldbeutel benutzt!

Sie, als Energieberater, sind mitverantwortlich für das:

- unnatürlichste,
- ungesündeste,
- unwirtschaftlichste,
- kostenintensivste,
- bauschadensträchtigste,

Sondermüllbauen in der Baugeschichte!

Ich kann nur raten! Schauen Sie genau nach, was in dem Betrugsparagraphen im Strafgesetzbuch steht! Es ist besser, sich schnell zurückzuziehen, bevor die Menschen Sie aus ihren Häusern jagen!
Das kriminellste kommt zum Schluss! **Diese Bauzerstörer sind nicht haftbar zu machen!**
Es ist Ihre allerletzte Chance, selbst zu erkennen, was Sie der Baugeschichte antun!

49. Baurevolution für die Farbenhersteller!

Auf den Punkt gebracht! Die Fassadenanstriche oder Beschichtungen funktionieren nicht richtig! Sie sind nicht in der Lage, den Anstrichen und Beschichtungen für eine Fassade, eine hohe Garantie zu geben! Dann lassen Sie es besser. Mindestens 10 Jahren muss eine Beschichtung auf der Fassade funktionieren. Solange sind Sie ganz alleine verantwortlich für die Beschichtung und nicht der Handwerker!
Dampfdiffusionsoffene Farben müssen sehr gut sein, reißüberbrückend, algenresistent und so weiter.
Auf der Farbenmesse in Köln vor 6 Jahren, sagte ein Referent: „Die Hersteller geben 2 bis 7 Jahre Garantie!" Was will der Kunde und Hausbesitzer mit dieser lächerlichen Garantieleistung?
Leider ist überall sichtbar, was Fassadenfarben heute leisten. An vielen Neubauten, zeigen sich schon nach wenigen Jahren, die Veralgungen!

Das weitere Problem sind heute die kräftigen Farben! Tiefrote und dunkelblaue Farben, waschen sehr schnell aus und halten der Sonne nicht stand! Schnelle Auswaschungen und Streifenbildungen sind zu erkennen!
Mit hocheffizienten und modernen Anstrichsystemen hat dies nicht viel zu tun!
Am traurigsten sind Fassaden mit einem sehr dunklen grau oder fast schwarz. Kürzlich sah ich ein Haus in Schwarz. Es war kein Mensch der Trauer trug.
„Das Haus trägt Trauer!"

Ich schaute, ob es ein Beerdigungsinstitut ist! Wohl nicht!
Farbenhersteller haben in den letzten Jahrzehnten, mit ihren Kunststofffarben, versucht die Fassade zu erobern!
Welchen Anspruch haben Farbenhersteller?
Funktionierende oder nichtfunktionierende Farben verkaufen?
Wenn verkaufen, dann mit mindestens 10 Jahre Garantie!
Sonst besser lassen!
Wie schon erwähnt! Die Fassade gehört den Baumeistern! Ein echter Baumeister, kennt den Dreilagenputz und lässt ihn immer ausführen. Das

Foto: Jaskulski - Gerade bei kräftigen Rot- oder Blautönen gibt es schon nach wenigen Jahren solche Bilder, Ausbleichen und Streifenbildung.

ist die I. Wahl für die Fassade! Eine weitere I. Wahl sind die Edelputze, wie Kratzputze. Jeder kann unzählige Kratzputzfassaden sehen, die Jahrzehnte ihre Arbeit verrichten! Vor allem im Osten ist dieser Putz, sehr häufig anzutreffen! Er war einfach zu beschaffen, leicht zu verarbeiten und hat eine hohe Qualität.
Es ist unverantwortlich solche rustikalen Fassaden, mit irgendwelchen grellen Farben abzusetzen.

Übrigens: Der einzige Fassadenanstrich, der die 10 Jahre erreichen kann, ist *ThermoShield.* Ich habe selbst den Anstrich vor 8 Jahren kennen gelernt und mehrfach verarbeitet. Dieser funktionierende Anstrich wird aber leider in all den Jahren bekämpft!
Warum wohl? Er funktioniert nachweislich besser. In Ottobrunn bei München kann sich jeder Fassaden ansehen und vergleichen, die 10 Jahre alt sind!
Die Auswirkungen, positiv wie negativ werden sichtbar.

50. Die Baurevolution für die Malermeister!

Jeder Mensch kann sich an dem nachfolgenden Text seine eigene Meinung bilden! Seit wann gibt es den Malermeister? Was sind seine Aufgabengebiete? Jeder Malermeister könnte in das Buch: *„Lehrbuch des Maler- und Lackierer-Handwerks"* von 1940 schauen! Da stehen sehr ausführlich, nachvollziehbare Aufgabengebiete. Auf der Fassade hat der Malermeister eher nichts zu suchen!
Bei *Wikipedia* steht folgendes: *wikipedia.org!* „Früher wurde der Maler auch als *Tüncher* bezeichnet. Das geht auf eine Überschneidung unterschiedlicher Handwerke zurück. Mitte des 19. Jahrhunderts ist *Tünch* die Bezeichnung für eine Feinputzschicht (Gipsputz, Kalkputz), die der Tüncher auf Decken- und Wandflächen aufträgt. Selten wird auch mancherorts der Name Weißbinder (eigentlich: Gipser) verwendet, weil noch bis etwa Mitte des letzten Jahrhunderts von ihm zum einen die weißen Farbpigmente, wie etwa vom Kalk, mit Bindemitteln – zum Beispiel mit Kaliwasserglas – zur Anstrichfarbe *gebunden* wurden, bzw. zum anderen mittels seiner Vorarbeiten der als weiße Überdeckung aufgetragene, mit Wasser verdünnte Sumpfkalk (eine Suspension aus Calciumhydroxid und Wasser) letztlich durch das Kohlenstoffdioxid der Luft zum dann haltbaren Weißanstrich Calciumcarbonat, also einer dünnen Kalksteinschicht als weißer Farbe, *abgebunden* wurde."
Diese über Jahrhunderte und noch überall funktionierenden sichtbaren Fassaden werden heute von der Industrie und dem Malerhandwerk mit Füssen getreten.
Auch wenn der Aufschrei des Gewerkes nicht lange auf sich warten läßt, es geht um das gesunde Haus! Es ist krank! Der Hauptverursacher ist der Malermeister! Er hat nichts auf der Fassade zu suchen! Früher Tüncher und heute Fassadenzerstörer?
Die Baurevolution wird Ordnung in das Bauchaos bringen!
Was macht der Malermeister heute mit unseren Häusern? Er prägt mit seinem Unwissen den Dämmbaustil! Er verziert die Innenwände mit allerlei Kunstofffarben oder Beschichtungen! Er ist neben dem falschen Heizen, der Hauptverursacher für den zunehmenden Schimmel und die Feuchtigkeitsschäden in unseren Häusern! Der Hauptgrund! Das Wärmedämmverbundsystem (WDVS)!
Wer außen dämmt, muss innen, zumindest die Konvektorheizung in eine Strahlungsheizung umbauen! Sonst ist das bauphysikalische Gleichgewicht für immer zerstört. Der Malermeister weiß jetzt natürlich

nicht, was ich damit meine! Wie soll er auch? Es geht um die Gesamtheit eines Hauses.

„Hat der Malermeister, dafür das nötige Wissen, von den gesamten bauphysikalischen Vorgängen in einem Wohnhaus?“

Ein Tüncher hat früher gewusst, was er mit der Fassade macht, wenn er tüncht! Erhalten, schützen, verschönern! Er wusste auch wie der Anstrich funktioniert. Wie die Erhärtung vor sich geht!
Das Malerhandwerk hat im eigenen Interesse, die Fassade zu verlassen! Mit seinem Unhandwerk hat er dem Haus und der Fassade einen Bärendienst erwiesen! Wenn er an der Fassade bleiben will, hat er den Maurermeistertitel vorzulegen! Mit diesem Titel, gibt er automatisch die Fassadendämmung auf!

51. Die Baurevolution für die Handwerkskammern!

Das es überhaupt so weit kommen konnte, haben die Handwerkskammern zu verantworten! Sie hätten von vornherein entgegen wirken müssen! Der Einfluss der Industrie ist in den letzten Jahren immer mehr gestiegen. Warum die Baumeister und Maurermeister, dem Malermeister die Fassade so kampflos überlassen haben, kann niemand verstehen!
Hat der Malermeister von den bauphysikalischen Vorgängen in einer Fassade gewusst? Eher nicht! Denn wenn, dann hätte er im eigenen Interesse und des Kunden, die Finger davon gelassen! Hat er aber nicht!
Das ein Wärmedämmverbundsystem (WDVS) nicht funktioniert, wissen die Verantwortlichen seit den achtziger Jahren. Keine nennenswerte Heizkosteneinsparung! Durch immer dicker werdende Dämmschichten, wird das Haus immer dichter, schimmelanfälliger und feuchter!
Die Handwerkskammern haben diesem Industrietreiben viel zu lange zugeschaut! Nun sind wir bei über 30 cm Sondermullfassadendämmung angekommen! Der Kollateralschaden steht kurz bevor!
Mit der Baurevolution wird das Bauen auf den Kopf gestellt. Den Handwerkskammern steht ein weiter Weg der Aufarbeitung bevor. Das zweifelhafte WDVS und das kopflose U-Wert-Bauen wird gelehrt und geprüft! Handwerkskammern gehören daher auf den Prüfstand!

Text 52. Jedes Haus ist einzigartig!

Machen wir uns mit dem Gedanken vertraut, dass das Haus, wie es heute gebaut wird, niemals eine Zukunft hat. Meine Erkenntnisse und Erfahrungen, lassen das heutige nichtfunktionierende Haus, wie ein Kartenhaus in sich zusammenfallen.

Es bleibt von diesen sondermüllverseuchten Häusern nicht viel übrig, was der Mensch, für ein späteres Haus nochmal verwenden kann! Jeder hat sich zu informieren, was heute ein Kubikmeter, Polystyrol, Styropor, Mineralwolle, Steinwolle und auch die „Holz"weichfaserplatte kostet, wenn wir den Müll entsorgen möchten!

Der Lipperländer Architekt hat fest gestellt, dass die heutigen Dämmhausbesitzer, monatliche Rücklagen, von einigen hundert Euro bilden müssen, damit später die Sondermüllzeche gezahlt werden kann!

„Das ist ganz nebenher, eine weitere revolutionäre Erkenntnis! Von einem Architekten! Wenn es einer versteht, dann auch alle!"

Von diesem Architekten können sich viele ein Scheibe abschneiden! Er hat nur gerechnet! **Plus, Minus, Mal und Durch!** Es ist nicht nur die himmelschreiende Unwirtschaftlichkeit bei der Herstellung der Sondermüllbaustoffe. Jeder weiß, dass immer wieder zurückgebaut werden muss. Die Haltbarkeit von Dämmstoffsystemen ist begrenzt! Die Gesellschaft, der Mainstream und die Medien müssen es nun verstehen!

Der liebste Baustoff eines Hauses, ist der gebrannte rote Ziegelstein, mit seiner Rauigkeit und seinen Kapillaren! Er ist der geeignetste Baustoff für eine Außenwand.

Das bringt die Baugeschichte und der gesunde Menschenverstand hervor! Wer nicht so sehr auf Stein steht und lieber Holz wählt, der sollte auf das natürliche, gefällte und getrocknete Vollholz zurückgreifen.

Wer das Haus in seinen Einzelheiten verstehen möchte, muss sich mit allen Heizungsformen auskennen! Das ganzheitliche Bauen von A - Z, kann ich erklären. Zusammen mit dem Lipperländer Architekt bekommen Sie für jedes Wohnhaus, ob alt oder neu, die besten Bautechniken an die Hand oder geliefert! Perfektion gibt es nicht? Doch! Wir alle, ob Architekten oder Handwerker, können auf alles zurückgreifen, was über Jahrhunderte entstanden, gewachsen und funktioniert hat. Wir können, objektiv und neutral, beobachten! Mit eigenen Augen kann jeder sehen, was funktioniert. Doch, wir können die perfekten Häuser, denken, planen und bauen!

Alle Voraussetzungen sind uns gegeben! Lassen wir dem Menschen und dem Haus, die besten und natürlichsten Baustoffe zukommen!

Jedes Haus, ob neu oder alt, hat ein Alleinstellungsmerkmal und besonderen Respekt verdient!

53. Das alte Haus aus Holz!

Häuser mit einem Holzgerüst oder Fachwerk mit ausgekleideten Gefachen, wurden schon vor ca. 2000 Jahren gebaut. Bis heute ist diese Baukunst erhalten geblieben. Nicht ganz!

Das gesamte Bauen steckt heute in einem Baustoffchaos. Immer mehr verschiedene Baustoffe kamen in den letzten Jahrzehnten auf den Markt. Ob die Baustoffe miteinander funktionieren ist egal. Das „fachgerechte" Auskleiden der Gefache, geschieht oft mit weichen, großformatigen Porenbetonsteinen (Ytongsteinen) oder roten leichten Porotonsteinen. Der darauf folgende festere Putz, muss als sehr risikoreich angesehen werden. Das Unwissen über die „modernen" Materialien nimmt beängstigende Züge an! Fachwerkkonstruktionen sind in ständiger Bewegung, durch Wind, Sog, ausdehnen und schrumpfen! Da sind weiche Baustoffe, wie leichter gebrannter Ziegel, mit weichen Putzen aus Lehm und Kalk am bewertesten! Großformatige Steine bilden eine Fläche oder Scheibe, die die Bewegungen nicht gut mitgehen können. So kommt es zu Rissen und Feuchtigkeitsschäden! Im Internet gibt viele gute Seiten, wo das richtig gut erklärt wird. Schäden, die Geld, Zeit und Ärger bedeuten, sind unnötig! Es ist immer wieder zu sehen, das Fachwerkhäuser mit dickem Polystyrol (Styropor) zugedämmt werden! So wie jeder Mensch sagt, dass ein Mörder in den Knast muss. Ein Fachwerkhauszerstörer auch! Das Problem dabei ist, dass das Fachwerkhaus, die Eichenbalken langsam wegfaulen! Der Zerstörer ist über alle Berge! Dabei ist er nicht der Hauptschuldige. Das sind die Politik, der die Verordner und die Industrie, die diesen Dämmunfug genehmigen!

Durch die „Forderung" der Energieeinsparverordnung nach dem Dämmbaustil in unseren Häusern, sind im Fachwerkbau, deutliche Fehlentwicklungen festzustellen. Fakt ist, Dämmung dämmt nicht! Zumindest nicht so, wie es sich die Mehrzahl der Menschen und Kunden vorstellen! Ich dachte auch mal so. Im Dachgeschossausbau sind die Dämmdicken bei 40 cm angekommen! Damit dauert es länger bis die Wärme, im Winter, von innen nach außen hindurcheilt! Im Sommer ist es anders herum!

Die Industrie verdient sich an den Dämmdicken eine goldene Nase. Die Preise für den Dämmirrtum steigen und steigen! Die Bauschadensfalle ist damit nicht gedämmt.

Hinterlüftete „Vollholzdämmungen" sind die Lösung! Die Speicherfähigkeit von Holz gegenüber Polystyrol (Styropor) ist ca. **40 mal höher!** Was 6 oder 8 cm dicke „Holzdämmungen" erreichen, in Dämmung und

Speicherung, kann sich jeder denken! Leider wissen es die Menschen nicht!

Alte Häuser aus Holz und Stein haben so viel Respekt verdient, dass sie von vornherein nicht mit Sondermüll zugedämmt werden dürfen! Das Ausrechnen der Unwirtschaftlichkeit aller verordneten Energiesparmaßnahmen reicht, um sich ganz auf das alte funktionierende Bauen zu besinnen! Dazu kommt das Auswechseln der falschen Heizungsform und der Konvektorheizung, zur Stahlungsheizung!

Durch das theoretische U-Wert-Bauen, ist das komplexe Wissen, das ganzheitliche Wissen, um ein Haus verloren gegangen.

Die Baurevolution **heute**, ist eine Chance! Höchstwahrscheinlich die letzte Chance, um dem funktionierenden U-Wert-effektiv, den Weg zu ebnen!

Wir Menschen haben nur eine Chance zu überleben! Indem wir uns auf die Natur und ihre Launen einstellen. Die Dämmer denken, es ist anders herum!

Die Stürme nehmen immer mehr zu und werden häufiger! Die Folge! Der Lipperländer Architekt, seit Jahren als Sachverständiger unterwegs, kommt aus dem Staunen nicht heraus! Dächer werden durch die Stürme und den Starkregen immer häufiger beschädigt. Bei genauerem Hinschauen sieht er immer mehr die Durchfeuchtungen und den Schimmel, in den Dachkonstruktionen. Dieser Lipperländer, ist ein wahrer Segen für meine Baurevolution! Er zeigt auf, dass das theoretische U-Wert-Bauen nie funktionieren wird und kollabiert.

Er zeigt auf, dass die Diffusionsvorgänge auch in den Wärmedämmverbundsystemen natürlich ablaufen. Das theoretische Bauen, verschließt darüber die Augen. Der Kunde ist der Dumme. Er bezahlt für die Arbeit und dann für die Bauschäden! Baustoffe innen wie außen müssen mit der Feuchtigkeit umgehen können! Die meisten Dämmstoffe können es nicht und gehören nicht an oder in das Haus!

54. Das Holzhaus

Es verdient nur ein Holzhaus, das I.Wahl-Prädikat! Das Holzhaus aus Vollholz! Die Qualität kommt aus dem natürlich gefällten und getrockneten Holz!

Leider wird das Wort Holzhaus zu oft missbraucht! Billighäuser aus Holzständerwerk, gefüllt mit Sondermüll, beplankt mit OSB-Platten und dichten Folien, werden als hochwertige Holzhäuser verkauft! Der Kunde fällt immer wieder darauf rein! Ein Holzständerhaus, lebt von den wenigen massiven Schichten auf dem Ständerwerk, innen und außen! Insgesamt ergibt das ca. 6 - 8 cm feste Holzstoffe.

Dieses Holzständerhaus ist die letzte Wahl der Holzhäuser! Eigentlich ist es Augenwischerei! Die Firmen wissen, dass die Menschen auf

Holzhäuser abfahren. Was sie dann dafür bekommen ist Schummelware und kein echtes Holzhaus! So wird durch die Wahl offengelegt, was die beste Wahl ist.
Noch besser ist die Premiumwahl! Premium, hat vielleicht auch viel mit teuer zu tun? Nein! Wenn alle Holzhäuser, aus dem natürlichsten Vollholz, nach dem U-Wert effektiv hergestellt werden, dann wird es viel günstiger! Weil 12 - 14 cm Vollholzaußenwand genügen! Davon will aber die Industrie nichts wissen. Dann gäbe es weniger Bauteilschichten und der Profit wäre im Keller. Mit der Baurevolution und dem logischen Einführen des U-Wert effektivs, wird es aber dazu kommen. Wenige Jahrzehnte des Missbauens, haben eine Ende!

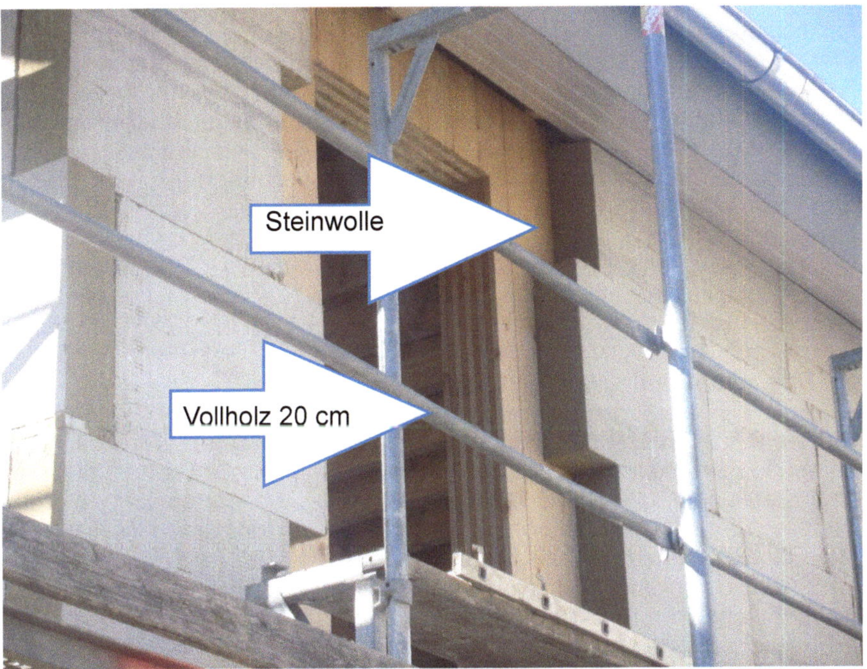

Foto: Jaskulski - Ein 100 Prozent Vollholzhaus, mit 20 cm Vollholz! Leider nicht! Weil dummerweise eine dicke Steinwollplatte von einem Malergeschäft ausgeklebt wird. Allerdings genehmigen Bauämter auch nur das! Noch!

Der Lipperländer Architekt und ich werden das Vollholzhaus nach dem U-Wert effektiv anbieten. Die Universitäten haben Versuchsreihen zu starten, damit die Unterschiede erkannt werden können. Wer das echte

Vollholzhaus, die Premiumklasse bestellt, der weiß von der wahren und richtigen Bauphysik! Die Speicherfähigkeit von Holz liegt ca. 40 mal höher, als bei Polystyrol oder Styropor! Deswegen braucht niemand für den Industrieabsatz zu sorgen und noch Holzweichfaserplatten vor die Holzwand basteln! Eine hinterlüftete Schalung und Verkleidung, als Wetterschutz auf der Vollholzwand, reicht völlig aus!
Mit diesem Buch endet das U-Wert Bauen. Das I. Wahl Vollholzhaus ist beispielhaftes U-Wert-Effektivbauen, was Jahrhunderte funktioniert hat und wieder funktionieren wird.

Man braucht sich nur richtig zu erkundigen, was Leichthäuser in unseren Breiten oder auch in den nördlichen Ländern anrichten. Sie funktionieren einfach nicht! Es ist hochmoderner Baupfusch, der nur wenige Jahrzehnte funktioniert.
Wer kann genau sagen, was sich nach 5 oder 10 Jahren in den Bauteilschichten abspielt? In Bauteilschichten, die nicht mit Feuchtigkeit umgehen können! Wo aber immer Diffusionsvorgänge stattfinden! Das sind Naturgesetze! Die denke ich mir nicht aus! Sie sind Realität!
Diffusion auf den Punkt gebracht, ist die Vermischung von Gasen und Flüssigkeit! Wer diese Vorgänge leichtsinnig außer acht läßt, kommt zu solchen risikoreichen Außenwandkonstruktionen.
Durch den Lipperländer Architekten und mir, wird das Bauen ein ganz neues Gesicht bekommen!

55. Das bestehende Haus aus Stein!

Die wohl besten Häuser sind um 1900 gebaut worden. Diese Häuser haben 36,5 cm oder 49 cm dicke Außenwände. In der Zeit kamen auch die ersten zweischaligen Außenwände auf. Beide Wandarten haben große Vorteile! Sie zeugen von hohem handwerklichen und bauphysikalischen Wissen und Können!
Fakt ist: Ein funktionierendes Haus mit dem gebrannten kleinformatigen, nicht so schweren Vollziegel, ist und bleibt die I. Wahl. Den Aufschrei der theoretischen Bauphysiker schmettere ich zusätzlich mit der richtigen Strahlungsheizung ab. Beides setzt komplexes, theoretisches und praktisches Bauwissen voraus. Der heutige Bauphysiker ist mit seinem Haus noch im Labor unterwegs! Die Labore sind aber nicht so groß, damit ein Haus hinein passt. Ich denke schon, dass die Häuser noch im Freien stehen! Zumindest sehe **ich** sie draußen!
Es steht immer noch in Baubüchern, ob Baufibeln aus den Fünfzigern, Baukonstruktionsbücher aus den Achtzigern oder um die Jahrtausendwende! Nichts hat sich geändert! Immer steht, dass das Mauerwerk mit gebrannten Ziegeln, das beste Haus ergibt. **Punkt!**

Ein Dämmbaustil wird in Baukonstruktionsbüchern nie erklärt! Baukonstruktionen oder neue Bautechniken hatten es früher schon immer schwer, in die Baukonstruktionsbücher aufgenommen zu werden! Der Qualitätsanspruch war sehr hoch! Dieser dumme Dämmbaustil ist einfach dumm und hat da auch nichts verloren!

Warum fängt „dämmen mit „D" an? „3 x D, ergibt, Dumme, dämmen, dicht!"

Noch Anfang des neuen Jahrtausends reparierte ich noch rote Backsteinfassaden. Die Fugen wurden ausgeschnitten oder ausgestemmt und neu verfugt. Jeder kann an alten roten Backsteinfassaden sehen, wie viele Jahrzehnte die Verfügung funktioniert.

Die damals aufkommenden „modernen" Hydrophobierungen hielten selten, was sie versprachen und ließen mit der Zeit wieder nach! Es dauerte dann nicht mehr lange, und die Fassaden gingen in die Hände der Malerfirmen!

Damit war der Weg frei, in den Dämmbaustil! Später, nach der Nivellierung der Handwerksordnung, machten es die Bauservicefirmen und sogar Hausmeisterfirmen, die heute fast alles anbieten! Das alte Instandsetzen von Gebäuden war nicht mehr gefragt. Keiner wagte, die einfache funktionierende Sanierung, innen wie außen, einzuklagen! Ich auch nicht!

Die Entwicklung im letzten Jahrhundert war einerseits vom Krieg verursacht und andererseits von der profitgierigen Industrie! Vor dem Krieg waren die optimalen Außenwandstärken erreicht. Ob einschalig oder hinterlüftet zweischalig! Wandstärken von insgesamt 40 bis 50 cm galten als optimal! Nach dem Krieg fehlten die Steine. Die Ziegelwerke liefen erst langsam wieder an. Dadurch sieht man in den fünfziger Jahren vielfach nur 24 cm dickes Mauerwerk mit beidseitigem Putz. In dieser Zeit wurden die Fensterüberdeckungen vermehrt mit betonierten Stahlbetonbalken oder Stahlträgern überbrückt. Das unterschiedliche Ausdehnen und Zusammenziehen der unterschiedlichen Mauerstoffe, Stein, Stahl und Beton führte so zu vielen Rissen und Putzschäden!

Daraus hätten die Lehren gezogen werden müssen! Heute werden solche oder am liebsten alle Außenwände mit dem unsinnigen Wärmedämm-verbundsystem versehen! Da fehlt einfach das komplexe Wissen, über die bauphysikalischen Vorgänge, in einem Haus.

Viele werden denken, irgendwie müssen wir doch Geld verdienen. Aber nicht auf Kosten des Hauses, auf Kosten des natürlichen und gesunden Bauens! Die Baurevolution wird allen Menschen das funktionierende und kostengünstige Bauen näher bringen!

Ich werde mit diesem Buch, den Grundstein für die Bauwende legen! Das I. Wahl-Haus, das Premiumhaus wird wieder in die Hände der Baumeister, der Maurermeister gelangen. Der Kunde versteht mein Buch und die Baurevolution! Er wird das Premiumhaus verlangen! Was will er auf Dauer mit einem Letztewahlhaus, ohne Leben und mit garantierter Bauschadensfalle?

56. Das Massivhaus aus Stein!

Wenn wir im Internet nach Massivhäusern schauen, finden wir überwiegend Massivdämmhäuser oder dünne Massivwände mit dicker Dämmung! So etwas als Massivhaus zu verkaufen, muss der Kunde ablehnen!

Foto: Jaskulski - Echte Massivhäuser lassen sich sehr gut instand halten! Über den linken Fenstern (EG), anspruchsvoll instand gesetzt!

Ein echtes Massivhaus besteht nur aus Stein oder Holz, wenn echte Baumeister am Werk sind! Einschalige Wände 36,5 cm oder 49 cm dick. Oder 3 Seiten mit 36,5 cm Mauerwerk, Südseite sowie Ost- und Westseite. Da kann die Sonne im Winter, Frühjahr und Herbst, viel Energie durch die Außenwände leiten. Die Nordseite würde ich mit 49 cm dickem Mauerwerk herstellen! Wer das Geld hat, dann ist der Premiumstein, der

gebrannte Ziegelstein 2 bis 3 kg schwer, die I. Wahl. Danach kommt die II. Wahl der 2 DF Hochlochstein (Maße: 24 cm x11,5 cmx11,5 cm). Ein Mischmauerwerk aus 2 DF und 3 DF (24 cm, x 17,5 cm x 11,5 cm) - Steinen wäre die letzte, die III. Wahl. Durch Verwendung dieser Steine wird die Homogenität des Mauerwerks, der Außenwand erreicht! Nur mit diesen Steinen, wird eine Homogenität einer Außenwand erreicht! Die Steine werden mit senkrechter und waagerechter Fuge gemauert, also Stoß- und Lagerfuge!
Ein großer Unterschied beider Steine liegt in der Wiederverwendbarkeit! Beim Abbruch eines Haues, bleibt einer hoher Prozentsatz von den gebrannten Steine, zur Wiederverwendung übrig.
Bei den Hochlochsteinen gehen viele Steine kaputt!

Fotos: Jaskulski - Links der gebrannte Ziegelstein (Premiumstein)
Rechts der 2 DF-Stein!

In Norddeutschland und auch in anderen Regionen finden sich immer wieder die Klinkerfassaden oder das Verblendmauerwerk! Das sind die am längsten funktionierenden Fassaden.
Das *„Institut für Bauforschung"* hat verschiedene Außenwand-konstruktionen miteinander verglichen. Da wurde festgestellt, welche Kosten in den nächsten 80 Jahren anfallen! Die Instandsetzungskosten von Verblendmauerwerk pro Quadratmeter liegen bei 284,73 Euro, bei der Außenwand mit Edelputz bei 429,65 Euro! Um dann kommt der **Hammer!** Das Wärmedämmverbundsystem (WDVS) kommt auf sage und schreibe 1314,05 Euro! Das sind über 460 Prozent mehr als das Verblendmauerwerk und über 300 Prozent mehr als die Edelputzfassade. Vor 10 Jahren war diese Tabelle, der ausschlaggebende Punkt, mein erstes Buch zu schreiben. In den Büchern, *„Atlas-Bauen im Bestand"* 2008 und *„Bau- Nutzungskosten"* 2006 sind diese Tabellen zu finden!
Es ist pervers und ungeheuerlich, dass diese Wärmedämmung (WDVS), die Hausfassaden im Sturm erobert hat! Auch wenn die Wirtschaftlichkeit nie gegeben ist. Diese ist aber ausdrücklich in der Energiesparverordnung

„§ 25 Befreiungen" gefordert! Es wird auch im Bürgerlichen Gesetzbuch (BGB) § 555 b gefordert!

Es gab in den letzten Jahren bei den Dämmstärken kein Halten mehr. Immer dicker, immer dichter, immer dümmer und immer skrupelloser!

Der Lipperländer Architekt aus dem Lipperland und Ostwestfalen, muss mit ansehen, dass in seiner Gegend, 30 cm dicke Styroporfassaden, das Maß aller Dinge ist! Ein Niedrig-Energiehaus-Institut läßt sich dafür feiern! Für den größten menschengemachten Hausunfug in der Baugeschichte!

Zu allem Überfluss, werden diese Häuser noch als Massivhäuser angepriesen!

So ganz nebenbei erwähnt! Mir stehen die wenigen Haare zu Berge, wenn ich in den Computer Massivhaus eingebe. Es ist nicht zu glauben! Das Wort kennt die Rechtschreibung nicht und wird rot unterstrichen. Wenn ich einfach weiter schreibe, wird es automatisch in Passivhaus geändert! Das ist pervers! Es bleibt einem nichts erspart. Früher kam die Wut hoch. Deswegen ist mein erstes Buch: *„Dämmbaustil oder Baumeisterkunst?"* auch mein **Wutbuch**! Dieses Buch wird ein ausgesprochenes **Mutbuch**!

Keiner kommt an der Baurevolution vorbei! Dafür sorge ich! Jeder, der Bauprofi sein will oder es von sich behauptet, der läßt in Zukunft den Dämmbaustil links liegen!

Es gibt heute so viele Anwaltskanzleien, die alle möglichen Abmahnungen verschicken! Wenn die Anwälte erstmal von der Baurevolution erfahren, sind die Unwirtschaftlichkeitsprozesse schon vorprogrammiert! Dann darf sich jeder Dämmplaner und Dämmerverkäufer warm anziehen!

Natursteinhäuser und Edelputzhäuser sind Rohdiamanten, die immer wieder geschliffen werden wollen. Also instandbesetzt und fertig! Dann funktionieren sie Jahrzehnte weiter, ohne große Kosten zu verursachen!

Das echte Massivhaus besteht aus Stein oder Holz, Naturstein oder Edelputzfassade. Das Massivhaus schreit nach der Baurevolution, weil es nicht mit Sondermüll in Verbindung gebracht werden möchte!

57. Das Passivhaus bis zum Plus-Energiehaus!

Was kommt nach der Passivhaus-Fata-Morgana? Eine Fata-Morgana narrt unsere Augen und unseren Verstand! Passivhäuser bis hin zu Nullenergiehäuser sind Prestigeobjekte, die sich nur Besserverdienende leisten können!

Deswegen hat es auch sehr lange gedauert, bis ein Passivhausbesitzer laut aufschreit. Wenn Passivhausbesitzer einige tausend Euro im Monat verdienen, ist es scheinbar egal, wenn die Energiekosten etwas höher sind als angepriesen!

Zu den hohen Energiekosten gesellen sich, noch ganz andere unangenehme Nebenerscheinungen! Alles Hölzerne, wie Tische, Stühle

oder Bilderrahmen, verformen sich durch die zunehmende Feuchtigkeit oder fangen an zu schimmeln? Anderseits verursachen Lüftungsanlagen, das genaue Gegenteil! Die Trockenheit wird auch für die Bewohner immer unerträglicher. Dann ist auch bei den gut betuchten Passiv- oder Plus-Energiehausbesitzern, der Spass zu Ende. Da sich zusätzlich noch der natürliche Schimmel einschleicht, kommt der Ekel dazu!
Das sind die Ohrfeigen, für das theoretische nichtfunktionierende U-Wert-Bauen! Dieses U-Wert-Bauen wird nicht ansatzweise zu Ende gedacht! Der Lipplerländer Architekt ist für mich, für die Menschen und Baukunden, ein Juwel! Als objektiver Sachverständiger deckt er das wahre Missbauen auf!
Nur das, was in 10 oder 20 Jahren zurück bleibt, ist das Maß! Dann wird abgerechnet! Da wird sichtbar, was mit dem Festhalten an dem U-Wert angerichtet wird! Die Bauphysiker haben in ihrem Größenwahn,

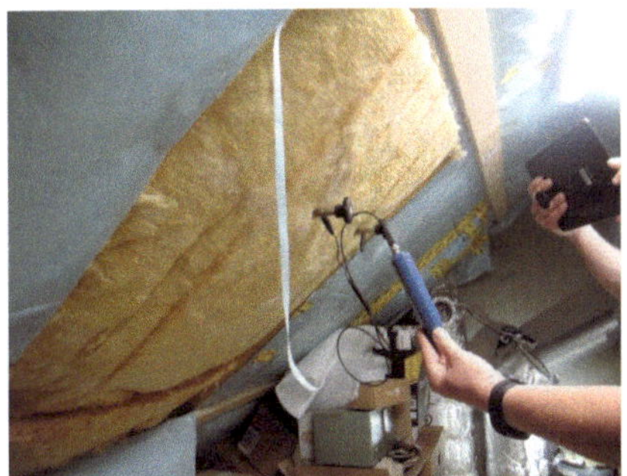

Foto: Jaskulski - Passivhaus 3 Jahre alt, Dämmung Soll **0** Digits, Ist = 12 - 16 Digits, 40 cm Sondermüll **FEUCHT!** Dachstuhl **Feucht!** Die Feuchtigkeit rockt und zerreißt das Passivhaus-Denken!

Wolkenkuckucksheime entstehen lassen. Diese geschaffenen Häuser zeigen jetzt die Realitätsferne dieser Menschen an! Sie sind untragbar für das Bauen! **Sie gehören in den nächsten Jahren, in die Sondermüllbuden, um die Häuser zu säubern!**
Sie träumen von bauphysikalischen Vorgängen, sind als Professor unantastbar und nutzen das schamlos aus! Die Quittung bekommen nun Planer, Architekten, die Handwerker und viel mehr die Kunden und Mieter zu spüren. Sie bezahlen die Zeche!
Der Lipperländer Architekt hat das erste Gutachten für ein Passivhaus geschrieben! Die Energiekosten steigen da sehr schnell an! Die Feuchtigkeit und der Schimmel nehmen zu! Diese Form von Passivhäusern stehen in Westfalen hundertfach.

„Hundertfacher gleicher Schaden?
Hundertfach geprellte Kunden?"

Diese Passivhäuser werden **gefördert! Verquere Bauwelt!**
Wie viele Passivhausbesitzer in Westfalen und in ganz Deutschland, haben ähnliche Probleme! Sie trauen sich nicht, den Mund aufzumachen, weil sie sich auch gern, als die besseren Hausbesitzer und Klimaretter hinstellen.
Die Zeit läuft gegen alle Passivhausbesitzer! Keiner weiß, was sich im Haus abspielt! Welche bauphysikalischen Vorgänge in den Außenwänden und Dachkonstruktionen finden statt? Es sind alles Bauschadens-zeitbomben! Dabei geht es nicht um paar Euros, sondern um Milliarden und Billionen!

Den anderen Prestigehäusern, wie Niedrigenergiehaus, Null-Energiehaus oder Plus-Energiehaus, ergeht es nicht anders! Das kontrollierte Passivhaus vom Lipperländer Architekt ist erst 3 Jahre alt! Zum Glück noch in der Gewährleistungszeit!
Alle solche Häuser sitzen in der Bauschadensfalle! Die Feuchtigkeit und der Schimmel brühten vor sich hin! Wann kommen die ersten Zeichen? Die Prophezeiungen für diese Häuser sind düster.
Warum ist heute das Premiumhaus, ein Plus-Energie-Haus?
Weil es am Ende tatsächlich viel mehr Energie braucht!
Weil es womöglich, viel Energie braucht, um aufwendig saniert zu werden! Wenn es überhaupt zu sanieren geht, ich wage es zu bezweifeln.
Weil die Hausbesitzer so viel zusätzliche Energie, in Form von Geld brauchen, um das Haus zu entsorgen!

„Warum heißt Passivhaus, Passivhaus? Es ist passiv, ohne Leben!"

„Fakt und nicht widerlegbar!
Die Feuchtigkeit lagert sich in dem Dämmstoff Polystyrol oder
Styropor ein! Auch wenn es keiner glaubt!
Der Lipperländer Architekt bringt die Beweise!
Tschüss Dämmbaustil!"

Die gefeierten Leuchtturmprojekte für die „Rettung" des Klimas, werden zu Versagern! Der Kunde liest mit seinem gesunden Menschenverstand, die geschriebene Baurevolution! Dann wählt er neu! Das Massivhaus! Das Echte!

58. Der beste Baustein!

Welcher Baustein schlägt den Naturstein? Keiner! Der gebrannte relativ leichte Ziegelstein, um 1900, lebt von seinen sehr guten Eigenschaften. Menschen, Baumeister und Ziegelhersteller haben die Eigenschaften des Ziegels, bis in die Perfektion voran getrieben.

Der beste gebrannte Ziegelstein, ließ sich früher, quer zur 6,5 cm hohen Seite, mit dem Ziegelhammer aufspalten! Das war Handwerkskunst!
Leider werden diese Eigenschaften, durch das Festhalten am tragischen U-Wert-Bauen, nicht mehr benötigt. Der größte Nachteil des Ziegelsteins liegt in der Herstellung, wo er viel Energie benötigt.

Foto: Jaskulski - Der Ziegel kann am besten mit Feuchtigkeit umgehen!

Ich bin mir aber sicher, dass dieser gebrannte Ziegelstein, diesen Nachteil, im Laufe seines sehr langen Lebens, mehrfach ausgleicht! Einschalige oder zweischalige Außenwände aus dem Ziegelstein, sind das Maß aller Baudinge! Diese Ziegelsteine können Jahrhunderte wieder verwendet werden!
Der beste Baustein ist der, den ich einfach irgendwo abbauen kann. Den ich leicht zu handlichen Bausteingrößen bearbeiten kann! Eine große Vielfalt gibt es in Deutschland. Es gibt Sandsteine aus dem Elbsandsteingebirge, roter Sandstein vom Main oder Thüster Kalkstein in Niedersachsen! In diesen Regionen können wir noch in den nächsten Jahrzehnten oder gar Jahrhunderten die farbigen Natursteinhäuser bewundern!
Es können mit Sicherheit die besten Bausteine sein, weil sie wohl die beste Energiebilanz vorweisen können! Die Herstellung ist recht einfach! Die Haltbarkeit der Häuser geht in die Jahrhunderte. Die Veränderung oder ein Umbau der Häuser gelingt sehr gut! Eine spätere Entsorgung? Ein Großteil der Bausteine kann immer wieder verwendet werden. Wenn diese Bausteine mit Kalk vermauert wurden, dann bleibt der wohl natürlichste Bauschutt übrig. Den Bauschutt, nimmt unsere Mutter Erde gern wieder auf!

Immer und immer wieder kommt uns dieses bekloppte U-Wert-Bauen in die Quere. Nach diesem U-Wert sind diese Natursteinhäuser, viel weniger Wert, als die gedämmten Hütten.

Nachdem schon Unmengen an Fachwerkhäuser, dummerweise zugedämmt sind, frage ich mich, wieviel Natursteinhäuser mittlerweile hinter dem Sondermüll, für immer verschwunden sind!

Die Baugeschichte zeigt, wie lange Natursteinwände, Gebäude und Paläste erhalten bleiben! Ohne große Reparaturen!

Und wieder kommt das U-Wert-Bauen als großer Sündenbock ins Spiel! Unzählige alte Naturstein- und Ziegelhäuser verfallen wegen diesem U-Wert-Bauen! Vermehrt im Harz, im Osten, in ganz Deutschland lassen Gemeinden, Immobilienbesitzer, Rohdiamanten verfallen! Warum? Weil die Investitionen, die die Dämmexperten und „Verordnungen" verlangen, viel zu hoch sind und vor allem unsinnig! Viele Eigentümer sind in dem Glauben, dass mit den Energiesparmaßnahmen, wie sie die Allgemeinheit verlangt, irgendetwas nicht stimmt. Ihre Intuition läßt die Gebäude, wie Denkmale, stehen und verfallen. Irgendwann kommt der Bagger und das Grundstück ist frei geräumt! Dann kommt ein riesiger Supermarkt oder das nächste Sondermüllgebäude! So wird richtig abkassiert, weil der Immobilienboom das ermöglicht. Aber das Sondermüllgebäude steckt sofort in der Bauschadensfalle.

Mit dem U-Wert Effektivbauen würden aus den Rohdiamanten, echte Diamantenhäuser entstehen! Durch die Baurevolution werden sie es.

<u>Kapitel VI</u>: Die verschiedenen Bauteile
Text 59. Das Dach

Das Dach schützt uns vor vielen Unbilden des Wetters! Regen, Sturm, Gewitter, Schnee, Kälte und Hitze. Dazu braucht es verlässliche Baustoffe. Früher war das Dach, ein sogenanntes Kaltdach, früher auch Boden genannt, wo die Mütter die Wäsche aufhängten. Im Winter war sie manchmal gefroren. Dieser Dachboden war der Puffer zur oberen Wohnung des Hauses.

Damals war das Dach mit Ziegeln gedeckt und fertig. Durch den zunehmenden Wohnungsmangel, wurde das Dachgeschoß bald zum Wohnungslieferant! Lange Zeit wurden die Dachgeschosse nur mit Heraklitplatten (Holzwolle-Leichtbauplatten) zementgebunden ausgebaut und verputzt! Später erfand die Industrie die Glaswolle und die Steinwolle, alukaschiert.

Wie das mit solchen „Erfindungen" ist. Schnell werden sie auf den Markt geschmissen und immer weiter „optimiert" und dicker! Ohne, dass eine Erfahrung mit solchen Baustoffen vorhanden war.

Von Anfang an wussten Bauingenieure und Bauphysiker, dass in Wohnräumen große Mengen an Feuchtigkeit und Dampf produziert werden. Dieser Dampf entsteht, zum Beispiel in Schlafzimmern! Bei den ersten noch „offenen" Konstruktionen mit der Heraklitplatte wird die Feuchtigkeit durch die Konstruktion nach außen abgelüftet! Da gab es auch wenig Schimmel, weil zumeist die Frauen wussten, wie ein Wohnraum richtig zu lüften war!

Mit dem Aufkommen von Baustoffen, die nicht mit Feuchtigkeit umgehen konnten, wurde das Bauschadensrisiko erhöht! Die Dampfdiffusionsvorgänge wurden in der Realität unterschätzt. Das „Gesetz" des U-Wertes, brachte auch in die Dachkonstruktion, immer dickere Dämmschichten und intelligente Folien!

Was überhaupt nicht beachtet wurde, ist die Dampfdiffusionsumkehr im Sommer! Da kommt der warme Dampf von außen und drückt durch die Windsperre in die Dämmkonstruktion. Er drückt in den Dämmbaustoff, der nicht mit Feuchtigkeit umgehen kann.

So stellt sich die Frage! Wieviel Dampf und Feuchtigkeit dringt in die Dachkonstruktion ein? Wieviel Feuchtigkeit ist jetzt gerade, während ich schreibe, in die Dachkonstruktion eingedrungen und hat die Dämmkonstruktion durchfeuchtet?

Denn es gab gerade ein Gewitter, mit feuchtwarmer Luft, die in die Konstruktion ganz natürlich eindringt! Ob das der Bauphysiker glauben mag oder nicht, ist egal! Die Realität ist das Naturgesetz!

Die Realität zeigt der Lipperländer Architekt auf.

Es lässt sich bei einem Dachschaden durch Sturm und Regen gut unterscheiden, ob der Regen die Dämmung durchnässt hat. Oder ob andere bauphysikalische Diffusionsvorgänge für die Durchfeuchtung und den Schimmel in der Dämmkonstruktion in Frage kommen.

Fakt ist: Eine Durchfeuchtung der Dämmung hat stattgefunden! Der Dampf tritt durch die Dämmung durch! Auf der innenliegenden Folie, hinter der Gipskartonplatte, wird der Dampf zur Flüssigkeit, zum Tropfen! Wie kommt die Feuchtigkeit wieder hinaus?

Die Feuchtigkeit, das Nasse, muss erst wieder zu Dampf werden, um zu verdunsten! Dieser ganze Vorgang, in dieser unkontrollierbaren Konstruktion, ist sehr komplex. Es birgt ein viel zu hohes Risiko, als das diese Konstruktion, zu empfehlen ist!

Trotzdem wird die Dämmkonstruktion im Dach weiter gefordert und gefördert! Welch ein unverantwortliches Risiko! Das nennt man unkontrolliertes Bauen!

Das einzige kontrollierte, nachhaltige und wirklich funktionierende Dach könnte es schon lange geben. *Prof. Claus Meier* hat schon lange in seinen Büchern, die hinterlüftete Vollholzkonstruktion, aufgezeigt. Sogar eine Tabelle mit den U-Wert effektiv Zahlen ist dabei!

Die „Vollholzdämmung" ist Dämmung und Speicherung! Nur darum geht es in einem ganzheitlich bedachtem Haus!

60. Die Außenwand

Die Außenwand hat sich über Jahrhunderte entwickelt. Die Baumeister sind sich einig! Bis etwa 1920 wurden die besten Häuser und Wohngebäude gebaut. Die Außenwand wurde über Jahrhunderte von Baumeistern entwickelt. Nahezu bis zur Perfektion!
Das Verblendmauerwerk, wie schon in **56.,** beantwortet, ist die beste und wirtschaftlichste Außenwandkonstruktion.
Die Außenwand mit Edelputz, zum Beispiel mit dem Kratzputz, ist auch eine lang entwickelte, sehr funktionierende Außenwand. Durch die Löcher im Putz, wenn die Fläche auseinander gezogen wird, vergrößert sich die gesamte Wandfläche. Die Sonne kann sich in den Löchern verfangen. So kommt viel Wärme in die Außenwand! Dabei dringt die Wärme ins Mauerwerk ein. Dort drängt die Wärme immer weiter bis zur Mitte! Die Ziegelmasse speichert die Wärme!
Es entwickelt sich im Winter, über den Tag auf der Südseite, ein Wärmepolster! Dieses Polster wirkt dem von innen nach außen wirkenden Wärmestrom entgegen! Das kann bis weit in die Nacht hinein geschehen! Im Frühjahr und Herbst geschieht das noch intensiver! Da auch im Osten und Westen! Die theoretischen U-Wert-Bauer und Planer, wollen davon aber nicht viel wissen! Bei denen kommt die Wärme nur durch die Fenster! Das U-Wert-Bauen wird einfach nicht erklärt.
Würden oder müssten sie es tun, dann würden sie selbst erkennen, dass die monolithische Wand mit der hohen Speicherfähigkeit, die beste Außenwandkonstruktion ist. Ob Vollholz oder Vollstein, ist dabei egal!
Eine gute und sichere Außenwandkonstruktion ist auch die hinterlüftete Fassade. Auch diese Konstruktion, kann je nach Geschmack, mit Verblendsteinen oder mit Vollholz ausgeführt werden.
24 cm dicke und gerissene Außenwände sind immer wieder nach den Kriegsjahren anzutreffen. Durch eine hinterlüftete Konstruktion, mit Keramik, Schiefer oder Holz, kann die Fassade über Generationen gesichert werden.
Das ungeschriebene Gesetz der Baumeister gilt immer noch:
„Von innen nach außen offener bauen." Heute ist das verordnete Gesetz von Missbauern, dicht zu bauen!
Das Problem der Außenwand ist und bleibt das U-Wert-Bauen. Dadurch werden nachweislich funktionierende Fassadentechniken nicht genehmigt. Fragen Sie nach bei den Bauämtern! Die Bauämter genehmigen hinterlüftete Fassaden nur, wenn dicke Mineralwollplatten oder Steinwolle dazwischen gelegt werden.

Der Lipperländer Architekt und ich werden, den U-Wert effektiv einfordern! Dieser Wert ist Realität. Dieses U-Wert Effektivbauen wird schon theoretisch zum funktionierenden Bauen führen! Das Wärmedämmverbundsystem hat ausgedient und hat nichts auf unserer Außenwand zu suchen!

61. Die Häuser der III. und IV. Wahl!

Auch wenn ich vielen Herstellern und Handwerkern mit meinen Ausführungen auf die Füsse trete! Ich mache nur das Bauwissen öffentlich. Die Unordnung mit den Baustoffen darf im Sinne des Kunden, geordnet werden. In allen Bereichen gibt es gute und weniger gute Qualität.
Bei jedem Baustoff kann jeder in alten Baubüchern nachlesen, welche Vorteile und Nachteile, Kalksandsteine oder Porenbetonsteine (Ytongsteine) haben.
Wir haben nur vergessen, uns umfangreich zu informieren! Besser, wir schaffen es nicht mehr. Die Handwerker müssen durch die verschiedenen Baustoffe über alles Bescheid wissen!
Es muss in nächster Zeit ganz konsequent ausgesiebt werden. Baufirmen und Handwerker können im eigenen Interesse, Baustoffe, die mit Feuchtigkeit nicht umgehen können, weglassen.
Die Bauschadensfalle würde schnell der Vergangenheit angehören!
Zu Häusern III. und IV. Wahl gehören für mich die Kalksandsteinwände und auch die Ytongwände!
Häuser aus Kalksandsteinwänden, haben zumeist nur noch 17,5 cm Außenwände. In manchen Fällen sogar nur 15 cm! Großformatige Blocksteine kommen zur Anwendung und werden geklebt. Der Betonringanker oder die Betondecke, soll dann alles zusammenhalten. Das funktioniert nicht sicher! Außerdem sind diese dünnen Wände, überwiegend die Grundlage für das Wärmedämmverbundsystem (WDVS), was ja nun jede Berechtigung verloren hat!

Foto: Jaskulski - Die Poren können schlecht mit Feuchtigkeit umgehen!

Häuser aus Porenbetonsteinen, oder auch Ytongsteine genannt, lassen sich zwar sehr einfach herstellen, aber die Poren im Stein sind der Nachteil. Die Steine werden mit ca. 20 Prozent Feuchtigkeit geliefert und vermauert. Häufiger geklebt! Da die Baustellen unter Zeitdruck stehen, werden die wichtigen Austrocknungszeiten ignoriert! Das Mauerwerk ist gerade fertig gestellt, dann kommt schon die Außendämmung oder der Putz. Kommt eine Regenzeit dazwischen, saufen Rohbauten regelrecht ab. Kaum einer kümmert sich um das Abdecken der Wände!

Im Gegensatz zu dem gebrannten Ziegelstein, der über seine Kapillaren sehr schnell natürlich trocknen kann, sind die Kugelporen nicht dafür geeignet. Diese Steine trocknen nur sehr langsam, von der Mitte nach außen ab. Ein großer Nachteil, bei Rohrbruch oder Überschwemmungen!

Hat so ein Haus einen Wasserschaden, was ja immer wieder mal geschehen kann, dann trocknen die Wände sehr schlecht ab! Ein weiterer Nachteil, der zu beachten ist, sind die zum Teil, in der Endfestigkeit zu harten Putze!

Es ist sehr einfach, den richtigen und besten Baustoff für ein Haus zu finden!

Der gebrannte Ziegelstein mag zwar teurer sein und der Lohn für einen Kubikmeter Mauerwerk auch. Dafür bekommt der Kunde aber eine Hausqualität, die Generationen lang funktioniert!

Durch die Baurevolution werden nichtfunktionierende Baustoffe vom Markt gedrängt. Es wird nicht mehr um Prestigehäuser, wie Passivhäuser gehen, sondern einzig und allein, ob es in der Theorie zweifelsfrei erklärt werden kann, welche Häuser oder Bauart wahrhaftig sein werden. Noch sind genügend alte Maurer und Baumeister greifbar, die das Bauhandwerk noch lehren und zeigen können. Der Lipperländer Architekt und ich stehen dafür bereit!

62. Die Kellerdecke und obere Geschossdecke!

Das U-Wert-Bauen hat vor beiden Decken kein Halt gemacht. Es fordert unsinnig, die zusätzliche oder nachträgliche Dämmung der Decken. Bei beiden Forderungen wird die Unwirtschaftlichkeit dieser Maßnahmen wieder außer acht gelassen!

Das logische Nachdenken über Sinn und Unsinn solcher Maßnahmen, findet hier nicht statt!

Bei einer Kellerdecke, ist der Kellerraum meistens schon 8 - 10 Grad warm. So sind 10 bis 12 Grad auszugleichen und zu welchem Preis? In vielen Prospekten kann jeder sehen, wie wenig Prozente die Kellerdecke am Gesamtenergieverbrauch beiträgt! Also einfach rechnen, die Maßnahme lassen und Geld sparen!

Bei der Dämmung der oberen Geschossdecke, sieht es schon anders aus. Da werden viele bauphysikalische Fehler begangen. Der Dampf dringt meistens vom Wohnraum durch die alte dicke Holzdecke. Oft werden dampfdichte Folien auf die Holzdecke gelegt und die dicken Dämmplatten ausgelegt. Die Holzdecken fangen an, zu durchzufeuchten und der schleichende Kollateralschaden, nimmt seinen Weg!
Auch hier wird das Wirtschaftlichkeitsgebot der Maßnahme außer acht gelassen! Einfach Rechnen!
Wirklich sinnvoll, wäre nur eine hinterlüftete Vollholzschalung. Aber dafür muss man qualifizierter U-Wert Effektivprofi sein!

63. Die Heizung

Die Industrie hatte vor einigen Jahren, die wirtschaftsantreibende Idee, alte „uneffiziente" Heizkessel zu tauschen. Die Politik hat das prompt umgesetzt! Sie verordnet nun, dass 30 Jahre alte Heizkessel gewechselt werden müssen. Egal ob sie noch einwandfrei funktionieren und geringe Abgaswerte haben.
Meinen fast 30 Jahre alten VW-Passat darf ich aber weiterfahren! Der gesunde Menschenverstand verlangt beim Heizkesselwechsel, deshalb auch, auf die Wirtschaftlichkeit zu achten! Leider interessiert sich weder die Industrie, noch die Politik, was hinter dem Heizkessel geschieht. Es ist wirtschaftlich viel wichtiger zu schauen, wie die Wärme in den Räumen verteilt wird.
Wie kommt die Wärme zu den Menschen? Heute kommt die Wärme überwiegend durch die ungesunde Konvektionsheizung oder Luftheizung an den menschlichen Körper!

Das heißt, die ungesündesten doppelten Heizkörper erwärmen fast nur die Luft. Dabei erwärmt sich die Luft und viel zu wenig die Umfassungswände, Decken und Fußböden! So wird ständig die Luft in einem Kreislauf bewegt! Die Heizkörper schleudern dabei Staub, Milben und Bakterien durch die Luft! Das kennt jeder, der mit dem Staubsauger in der Wohnung unterwegs ist.

Foto: Jaskulski - Igittigitt, deswegen fliegen die Heizkörper raus!

Immer wieder liegen die Flusen in den Ecken, von Parkettböden oder Fliesenbelägen! Allergien und Atemwegserkrankungen sind die Folge. Diese Heizungsform, die Konvektorheizung zu ändern, ist allemal wichtiger, als die Heizkessel zu tauschen.
Die echte Alternative zu dieser schlechtesten Heizungsform ist die Strahlungsheizung. Wir können uns das vorstellen, wie die Sonne auf unseren Körper strahlt. Die Sonnenstrahlen, die uns Menschen und Oberflächen anstrahlen und erwärmen!
Der Kachelofen und der Kamin waren die ersten Strahlungsheizungen! Sie verbreiten die gesunde Infrarotwärme. Da gibt es keine Staubaufwirbelungen. Das ist eine ruhende Wärmestrahlung. *Alfred Eisenschink* hat in seinem Buch *„Falsch geheizt ist halb gestorben!"* schon 1994 das falsche Heizen beschrieben. Es hat wenig geholfen! Es wird weiter überwiegend mit den ungesündesten Heizkörpern geheizt oder auch mit der zweifelhaften Fußbodenheizung. Auch da hat die Wissenschaft komplett versagt. Konvektorheizung wissenschaftlich erklärt, würde es nicht geben!
Es ist an der Zeit, diese Heizkörper auszubauen und an dem Vorlauf und Rücklauf, die Strahlungsheizung zu installieren. Das ist Handwerk und bringt die gesunde Wärme zu unserem Körper! Im Buch von *Prof. Claus Meier: „Phänomen Strahlungsheizung" (Expert-Verlag)*, beschreibt er die Strahlungsheizung und zerreißt die Konvektorheizung in der Luft!
Die Baurevolution wird auch das Heizen nachhaltig verändern!

64. Die Fenster

Das U-Wert-Bauen, macht auch vor den Fenstern nicht Halt. Für die heutigen Bauphysiker und Dämmexperten, zählt nur die Sonnenstrahlung durch das Fenster. Die Speicherfähigkeit und der solare Eintrag durch eine Außenwand, wird ignoriert!
Das hat Auswirkungen auf unsere Fenster. Wer die Bauphysik richtig versteht, dem reicht sogar Einfachglas! *Prof. Claus Meier* hat es in seinen Büchern bewiesen!
Auch hier hat die Industrie mit der Politik ganze Arbeit geleistet! Das doppelte Kastenfenster ist und bleibt das Premium-Fenster! Der Schallschutz ist außerdem hervorragend. Bis Ende der siebziger Jahre des vorigen Jahrhunderts war das Kastenfenster mit zwei Einzelscheiben zu bekommen. Das waren noch Holzfenster. Mit der Wärmeschutzverordnung kamen die Zweischeiben Isolierglasfenster auf den Markt. Das reichte auch noch nicht. Heute sind Dreischeibenverglasungen das Maß aller Dinge. Energieeinsparung und die Wirtschaftlichkeit bei Altbauten, Fehlanzeige! Und weil es bei diesem U-Wert-Bauen keine Grenzen gibt,

kommt auch schon die Vierscheibenverglasung auf! Wo das mal endet, ist wirklich fraglich!
Mit dem Austauschen des U-Wert-Bauens, zum vernünftigen U-Wert-Effektivbauen, wird auch diese sinnlose Entwicklung gestoppt.
Die Fensterentwicklung zeigt zusammen mit dem U-Wert-Bauen, wie sich die Ansichten unserer Häuser geändert haben.
Unzählige Türenhäuser sind schon entstanden. Sogar an der Nordseite, wo kaum Sonne hinkommt, werden die Fenster, bis zum Boden geführt.
Der Quadratmeter Fensterbrüstung wurde für den Unsinn geopfert. Mit der Fenstertürenlösung läßt sich auch viel mehr Geld machen. Fenster bis zum Boden, Geländer davor, Rolladen und Gardinen länger. Es müssen ja viele Handwerker zu ihrem Geld kommen.

Der negativste Aspekt kommt aber jetzt erst! Mit den Türenhäusern und dem Wegfall der Brüstungen, ist auch der Schutz unserer Kinder verloren gegangen. Immer wieder ist zu sehen, dass Kinder halb oder nackt im Kinderzimmer umherrennen. Schade, dass Kinder nichts mehr zu sagen haben! Dafür gibt es die Baurevolution, die alles aufdeckt, was das U-Wert-Bauen hervorbringt!
Was auf der Maschine, hunderte Kilo schwer hergestellt wird, muss auch montiert werden. Fenster-elemente, die fast eine Tonne wiegen, sind keine Seltenheit!

Der Lipperländer Architekt hat auch hier geprüft. Die Fenster sind ständigen Ausdehnungen ausge-setzt. Einfach mal Teelichte auf die Fensterbänke stellen und schauen, ob die Fenster dicht schließen. Wenn sich Plastikfenster in den Jahren verziehen und undicht werden, dann hilft auch keine Vierfachverglasung!
Noch ein Tip: Machen Sie Fensterdichtungen raus, damit Sie Luft bekommen, ist der Schallschutz wohl dahin. Immer bis zu Ende denken!
Mit dem U-Wert-Bauen sind längst alle Grenzen der Fairness überschritten!

<u>Kapitel VII:</u> Die unnützen und zweifelhaften Baustoffe!
Text 65. Baustoffe, die die Menschheit nicht braucht!

Ja, ich lehne sehr viele Baustoffe kategorisch ab! Es geht um **Ihr** Haus, um **Ihre Miete** und um nichts anderes! Warum sollen oder müssen Sie für Baustoffe bezahlen, die nur wenige Jahre oder Jahrzehnte funktionieren! Wenn die Baustoffe nicht mit Feuchtigkeit umgehen können, funktionierenden sie von Anfang an nicht! Ich sage ganz deutlich! Es bleiben nicht viele Baustoffe übrig.

Es geht um das Haus, um die Menschen, die Natur und unsere Erde. Alles verliert, wenn weiter so missbaut wird!

Wir Menschen, vor allem hier in Deutschland, müssen uns entscheiden. Die Industrie verliert immer mehr an Boden in der Welt. Ein Drittel der Großindustrie liegt in ausländischer Hand. Tendenz steigend!

Dieses U-Wert-Bauen, Sondermüllbauen, „Made in Germany" wird durch Europa und in die Welt getragen! Ein Bauen, mit seinen zweifelhaften Baustoffen! Wollen wir weiter in allen Lebensbereichen alles hinnehmen, was uns vorgesetzt wird? Wir überprüfen! Wir haben die Möglichkeiten dazu! Unser Geist und unser gesunder Menschenverstand läßt zwischen richtig und falsch unterscheiden! Genau das mache ich! Das mache ich seit 12 Jahren. Nichts und niemand hält die geschriebene Baurevolution auf!

Fangen wir endlich an, zu hinterfragen, egal ob bei Gesundheit, Ernährung, Politik oder so wie ich, beim heutigen Bauen!

Die ehrliche Suche nach der Wahrheit führt zur Wahrheit. Diese Wahrheit kann grauenvoll sein, so wie ich es erlebt habe!

Die große Menge meiner Botschaften, Warnungen und Lösungen haben sich über Jahre entwickelt! Objektive Wahrnehmung, Inspiration, Intuition und Erkenntnisse in Theorie und Praxis bringen Wahrheiten ans Licht, die einfach nur wahr sein können. Der Schlüssel liegt wohl auch darin, das Leid der Menschen zu spüren. Die Menschen sind längst an die Grenzen des Zumutbaren angelangt.

Je mehr ich das Bauen und die Bauphysik, in seiner Gesamtheit verstand, bin ich voller Dankbarkeit und Ehrfurcht. Dankbar für das unendliche Wissen, das das Handwerk und das Bauen hervorgebracht hat. Für die Premiumklasse oder I. Wahl eines Hauses, egal ob aus Holz oder Stein, bleiben nur wenige Grundbaustoffe übrig.

Wer weiß schon, dass das Holz aus dem Holz"Fach"Markt, unnatürlich ist? Viel Geld kostet das, als „natürlich" angepriesene Holz! Es ist kammergetrocknet! Das meine ich mit grauenvoller Wahrheit! Es ist einfach nicht zu glauben, was uns Menschen hier in Deutschland vorgeheuchelt und verlaufen. Die Baurevolution bringt allumfänglich Licht ins Dunkel!

66. „Natürliches" Holz!

Alle alten Häuser bis etwa 1900 gebaut, bestehen aus natürlichstem Holz! Wieso natürlichst? Was ist natürliches Holz? Was sollen die Fragen? Holz ist doch Holz! Das ist bleibt natürlich! Dachte ich auch sehr lange! Weit gefehlt!

Auch hier, hat die Suche nach der Wahrheit Erfolg. So wie sich das wahrhaftige Bauen und Handwerk immer mehr verabschiedet, entwickelt

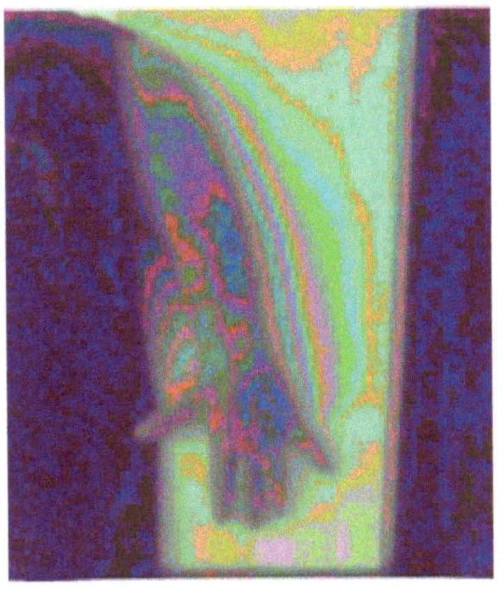

Foto: Quelle *Schuster-Holz*
Links fließt die Energie aus dem Unterarm ab,
rechts tankt der Körper Energie aus dem Holz

sich die Hochtechnologie auch für den Menschen weiter. Die Wahrheit kommt in Form von Photonenkameras.

Ein Institut hat das Holz eines Holzhausherstellers untersucht und fotografiert. Dabei ist zweifelsfrei fest gestellt worden, dass das heutige Holz, was verkauft wird, nicht mehr natürlich ist. Es ist Tod! Das heutige verkaufte Holz, ist überwiegend kammergetrocknet. Das heißt, die Zellen des Holzes sind zerstört.

Wenn wir Menschen, in diese Kammer gehen, bei 80 Grad, machen unsere Zellen auch nicht mehr mit! Die Photonenkameras machen sichtbar, wie Baustoffe oder Innenwandoberflächen, auf uns Menschen wirken. Als ich vor 3 Jahren davon erfuhr, wollte ich es nicht glauben, wie wir Menschen regelrecht verarscht werden!

Menschen kaufen in dem Glauben, natürliches, nachhaltiges und gesundes Holz, zu erhalten. Sie werden mit totem Holz abgespeist und abgezockt!

Ich habe auch damals erst erfahren, wie natürliches Holz, bei dem Herstellungsprozess natürlich bleibt.

Der Respekt dem Baum gegenüber, ist von äußerster Wichtigkeit! Ein Anbieter von natürlichstem Holz, erklärt es so! Geschlagen wird der Baum in den letzten Tagen des abnehmenden Mondes. In den Monaten von Dezember bis März. Dann bleiben die Bäume liegen, bis sie im Frühjahr neu austreiben. So wird dem Baum, dem Stamm, nochmal natürlich der Saft entzogen. Die Stämme werden zu Bauholz gesägt und zur natürlichen Trocknung aufgeschichtet. Zwei bis drei Jahre kann das Holz in Ruhe trocknen.

Das ist der größte Respekt, den der Mensch, dem sonnengereiften Baum schenken kann. Denn ohne Licht und Sonne, wäre der Baum nicht so alt geworden!
Leider werden heute Bäume mit riesigen Baumfällmaschinen geschlagen. Mit ihren übergroßen Reifen, zerstören sie die überlebenswichtige Humusschicht für tausende Jahre. Wer macht sich darüber Gedanken? Ökologen? Grüne? Ich auch erst, seit dem ich von dem traurigen Vorgang weiß! Aus dem Wald hat sich die todbringende Technik wieder zurückzuziehen! Die Bäume sind früher mit Pferden aus den Wäldern geholt worden. Damit die, für uns Menschen, so lebenswichtige Humusschicht erhalten bleibt, sollten wir die Technik in dem Bereich zurückdrängen!
Der „hochmoderne" Mensch glaubt im Stande zu sein, das Klima zu retten und zerstört immer mehr und nachhaltig seine Lebensgrundlage!
Liebe Mitmenschen! Die Natürlichkeit von Holz erhalten, fängt damit an, dass nach natürlichstem Holz gefragt wird! Die Fachmärkte haben zu liefern, was der sachkundige Kunde wünscht. Die Macht des Kunden ist grenzenlos! Wenn nach diesem natürlichen Holz gefragt wird, dann wird es irgendwann auch günstig zu haben sein! Männer gehen dann wieder in den Wald und holen mit den Pferden die Bäume heraus! Damit wird der Humusboden kaum beschädigt!

67. Mineralwolle und Steinwolle verbieten!

Ein Baustoff, der eine revolutionäre Entwicklung hinter sich hat, sollte auch revolutionäre Ergebnisse liefern! Das Wort Mineralwolle und auch Steinwolle suggeriert das Natürliche in dem Baustoff.
Das ist Augenwischerei. Bringen Sie heute Mineralwolle oder Steinwolle, auf den Anhänger geladen, zur Baumülldeponie! Sie werden sofort wieder weg geschickt und dürfen erst wiederkommen, wenn Sie alles sorgsam in Säcke gepackt und zugeklebt haben. Nichts mit natürlichem Baustoff.
Sie dürfen den Sondermüll teuer kaufen, er funktioniert nicht und dann wieder teuer entsorgen! Ein Kreislauf gegen den Menschen und die Natur!
Die revolutionäre Entwicklung sieht weiter so aus, dass die Dämmdicken in Dachgeschossen mittlerweile 40 cm betragen. Ist ja auch klar, vergleichen Sie mal 4 cm Dämmwolle, mit 40 cm Vollholz. Die Dämmwolle dämmt nicht! Das Vollholz dämmt und speichert ca. 40 mal besser als der Sondermüll!
Tabellen in allen Baubüchern zeigen nicht nur die unwichtigen U-Werte, sondern auch die viel wichtigeren Werte der Speicherfähigkeit der Baustoffe. Das Wort Speicherfähigkeit sagt es doch schon! Speichert ein Baustoff die Wärme besser als ein anderer Baustoff, so kann die Wärme

schwerer durch den Baustoff hindurch eilen! Das ist Bauphysik, die nicht gelehrt wird. Mit einem Experiment kann jeder Mensch, mit gesundem Menschenverstand, nachprüfen, welcher Baustoff besser dämmt und oder speichert!

Das leicht nachprüfbare Lichtenfelser Experiment gibt es schon seit vielen Jahren. Trotzdem wird überwiegend der Sondermüll in unsere Dächer gepackt!

Wenn man ehrlich nach der Bauwahrheit sucht, dann wird man immer wieder überrascht, was alles ans Tageslicht kommt! Ein Universitätsprofessor in Salzburg hat schon vor 10 Jahren die Rekristallisation der Fasern beschrieben! Das heißt, dass die Mineral- oder Steinwollfasern nach ein bis zwei Jahrzehnten nachgeben und zusammenfallen.

Der Lipperländer Architekt bestätigt, dass bei älteren Dachkonstruktionen! Die Dämmplatten fallen zusammen, sind zum Teil feucht und verschimmelt. Dachdecker bekommen mit den Dachkonstruktionen immer mehr Probleme und wissen nicht, warum das so ist!

Wenn ein verantwortungsbewusster Dachdecker, nach 10, 15 oder 20 Jahren zu einer alten Baustelle gerufen wird, weil die Dachkonstruktion abgesoffen ist, dann ist das sehr traurig!

Achtung! Mitte Juni! Passivhaus! 3 Jahre alt! Im Dach 40 cm Mineralwolle! Feucht! Dachstuhlholz feucht! Nicht der Handwerker ist schuld an der Ursache! Das System gehört abgeschafft!

Jede Dachdämmung gehört auf den Prüfstand!

68. Stinkende OSB-Platte verbieten!

Eine Sondermüll-Holz-Platte für alle Zwecke. Ich gehe in den Baumarkt und dann in Richtung Holzabteilung. Ich schließe die Augen und gehe nur noch nach der Nase. Der Geruch, der stinkenden OSB-Platte läßt mich, mit geschlossenen Augen diese Plattenstapel finden!

Es ist unglaublich, dass die Herstellung dieser Platten noch nicht von den Grünen gestoppt wurde. Im Öko-Test und auf vielen Internetseiten wird vor diesen ungesunden Sondermüll gewarnt.

Ganze Kinderzimmer, Hochbetten, Regale und Fußböden werden von den Menschen, mit Schrauber und Spax zusammen gezimmert!

Die „Holzhausprofis" verkleiden die Holzständerkonstruktionen mit diesem Sondermüll und verkaufen das Haus als gesundes Holzhaus. Pervers!

Der Tiny-Haus-Hype hat begonnen. Die Holzkonstruktion innen wie außen zumeist mit dem Sondermüll beplankt!

Allergien, Kopfschmerzen und Atemwegserkrankungen sind die möglichen Folgen aus diesem Missbauen!

Liebe Menschen und Eltern! Aufwachen! Rocken wir die Baurevolution!
Sie und Ihre Kinder haben das natürlichste Holz verdient und keinen Sondermüll unmittelbar oder versteckt, in Ihrer Nähe!
Heute werden alte Räume schnell umgewandelt und anders genutzt. In Yoga- oder Fitnessräumen werden diese Platten auf die Fußböden verlegt! Danach legen sich die Menschen, nur mit einer Decke dazwischen, auf den stinkenden Boden! Die Nase liegt auf diesem Dreck! Es ist zu klären, ob das Körperverletzung ist! Die Menschen wollen ihre Gesundheit verbessern und schnüffeln den Dreck! Ich habe es selbst erlebt und habe den Yogakurs abgebrochen, wegen des stinkenden Fußbodens. Die Zunge ist belegt, man bekommt Kopfschmerzen. Das sind Zeichen, dass etwas nicht stimmt! Yoga soll der Gesundheit dienen, die OSB-Platte ruiniert sie!
Stopp! Die OSB-Platte raus aus unserem Leben!

69. Holz-Kunststoffplatten - Holzweichfaserplatten

Auch alle anderen holzähnlichen Baustoffe, wie Spanplatten oder Mehrschichtplatten, sind zu hinterfragen, wie gesundheitsgefährdend sie sind! Mit welchen Leim oder Kleber sind die Platten geklebt worden? Wir kennen kollabierende geleimte Tragkonstruktionen, wie vor Jahren in Bad Reichenhall (Bayern)! Sie sind unter den Schneemassen zusammen gebrochen. Nach Untersuchungen kam heraus, dass für die Dachkonstruktion ein ungeeigneter Holzleim verwendet worden war. 15 Menschen, darunter 12 Kinder, sind durch diese Schlamperei tödlich verunglückt.
Niemand von den Verantwortlichen aus dem Rathaus der Stadt, saß auf der Anklagebank. Vom selbstgenehmigten Schwarzbau war die Rede. Der Richter sprach von Schlamperei, Ignoranz und Skrupellosigkeit!
Daraus gelernt hat die Gesellschaft keineswegs!
Die Gesellschaft ist zu feige, das U-Wert-Bauen zu hinterfragen und hinter sich zu lassen!
Auch bei Holzweichfaserplatten ist äußerste Vorsicht geboten! Unter: *„nachaltiges-bauen.de"* bekommen Sie viele wichtige Informationen über die Baustoffe! Mit welchem Kleber werden sie zusammen gehalten? Schauen Sie immer in die Volldeklaration der Baustoffe! Fragen Sie bei der nächsten Mülldeponie nach, ob der jeweilige Baustoff zum Sondermüll zählt! Auch die verputzte und wieder ausgebaute Holzweichfaserplatte ist Sondermüll.
Immer wieder beobachte ich, dass bei Dacherneuerungen, mit Holzweichfaserplatten, bei Starkregen kaum abgedeckt wird. Das Wasser fließt ungehindert zwischen die Holzweichfaserplatte oder Steinwolle und der dichten innenliegenden Folie. Wie kommt das Wasser oder die

Feuchtigkeit wieder heraus? Vor allem im Sommer, wenn zusätzlich der Dampf monatelang in die Konstruktion eindringen kann.

Die meisten hier genannten Platten können nicht mit Feuchtigkeit umgehen. Die natürlichen Diffusionsvorgänge, die zu automatischen Feuchteansammlungen in den Bauteilen führen können, sind kategorisch zu berücksichtigen und auszuschließen! Welcher theoretische Bauphysiker schließt dieses unkalkulierbare Risiko aus?

Der Lipperländer Architekt schüttelt immer mehr den Kopf, was er bei Leckagen der Dachhaut, zusätzlich zu Gesicht bekommt.

Das ist unkontrolliertes, haarsträubendes und geduldetes Bauen! Die Rechnung bezahlt der Kunde, der neue Hausbesitzer oder der Käufer der neuen Eigentumswohnung!

Die Baurevolution wird mit dem U-Wert-Effektivbauen, den besten Dämm- und Speicherbaustoff **Holz** revolutionieren. Die Menschen sollten mehr in die Wälder gehen! Dann wüssten sie, wieviel Sturmholz aus den letzten Jahren geschlagen und aufgestapelt in den Wäldern liegt! Man läßt es langsam vergammelt. Es ist überwiegend Fichtenholz, was auch keine Lobby hat! So wie der U-Wert effektiv!

Dieses Holz reicht völlig aus, für Dämmung und Speicherung!

70. Polystyrol - Styroporplatten für das Haus verbieten!

Über die Unwirtschaftlichkeit des Wärmedämmverbundsystems habe ich schon genug geschrieben. Ein Verbot ist unumgänglich!

Das es Sondermüll ist, muss immer wieder betont werden!

Das auf dieses Sondermüllsystem auch noch Biozide an die Fassaden kommen, ist pervers! Das überhaupt so etwas für eine Hausfassade hergestellt und verkauft wird, ist untragbar! Wer gibt dafür eine Zulassung?

Die Platten lassen sich leicht verarbeiten!

Diese leichte Verarbeitbarkeit wird durch die ungesunden Dämpfe beim Schneiden wieder aufgehoben! Der heiße Draht der Schneldegerate läßt einen sichtbaren Dampf in die Nase steigen. Die Berufsgenossenschaft ist sonst nicht zimperlich. Aber da versagt sie! In einem Youtubevideo sieht man eine hübsche junge Frau, wie sie so eine Platte schneidet. Den sichtbaren Dampf, der ihr zum Kopf steigt, kann nicht gesund sein!

Der Bauherrenverband rät auch zur Abkehr von Dämmung aus Polystyrol!

Die Baurevolution fordert das Verbot dieser Sondermüllplatten!

Das Aus für die Dämmplatte! Das Aus für den Dämmbaustil!

71. Verbot von Bauschaum!

Der Umgang mit Bauschaum, ist seit Jahren außer Kontrolle geraten. Durch das U-Wert-Bauen und damit „Dicht"Bauen wird überall geschäumt, was das Zeug hält!
Die Perversität der Anwendung zeigt sich auf dem Foto, was ich 2014, bei Suhl gemacht habe.

Foto: Jaskulski - Ohne Worte!

Die Fugen einer Natursteinmauer wurden mit Bauschaum „saniert"! Bis heute, wird der Wind die Bauschaumteilchen in die Welt tragen. Die Erde muss damit klarkommen!
Bauschäume bestehen überwiegend aus dem Kunststoff Polyurethan. Bedenkliche Zusatzstoffe können enthalten sein, die auch giftig sein können. Verwendung findet das MDI (Diphenylmethan-Diisocyanat) auch als Isocyanat bekannt.
Ein Merkblatt über Berufskrankheiten zeigt auf, dass Atemwegserkrankungen und weitere gesundheitliche Beeinträchtigungen auftreten können. Es gibt zwar Schäume ohne diesen Stoff, diese haben aber einen drei- bis vierfachen Preis.
Es werden immer wieder Baustoffe auf den Markt geworfen, die nie richtig ausgetestet sind! Erst bei der jahrelangen Verarbeitung der Baustoffe, zeigen sich die Gesundheitsgefahren.
Jeder kann sich im Internet, umfangreich über Inhaltsstoffe in Baustoffen informieren!
Ein weiteres großes Problem, zeigt das Ausschäumen oder Ausfüllen von Luftschichten, in zweischaligem Mauerwerk. Die Luftschichten haben eine große Funktion in den Häusern. Wird die Außenschale durch Starkregen durchfeuchtet, kann die Feuchtigkeit nicht auf die Innenschale übergreifen. Die Außenschale trocknet schnell wieder ab.
Wieder kommt das unsinnige U-Wert-Bauen ins Spiel. Nur durch das verordnete Dämmen ist das Ausschäumen der Luftschichten überhaupt in Gang gekommen! Auf Baumessen ist immer wieder zu sehen, dass Firmen diesen Unfug anbieten.
Wenn die Luftschicht mit Polyurethanschaum ausgefüllt wird, dann ist das bauphysikalische Gleichgewicht für immer zerstört. Die Luftschicht wird auch gern mit Zellulose oder Styroporkügelchen ausgefüllt, was genauso Unfug ist! Wer kontrolliert, was in diesen Schichten passiert?

Hausbesitzer solcher Häuser, sollten nachdenken, warum Baumeister zweischalig gebaut haben? Einmal dummerweise ausgefüllt, läßt sich der Unfug nur sehr schwer wieder rückgängig machen.

Und der Hammer zuletzt! Ein natürliches Ziegeldach, was immer abgerissen und entsorgt werden kann, wird schnell zum Sondermülldach. Lassen Sie von innen die Fugen mit PU-Schaum „reparieren", werden Sie oder die nächsten Generationen, das Sondermülldach teuer entsorgen. Da kommen Tonnen zusammen. Auf Baumessen wird so etwas immer wieder angeboten und verkauft. Was „Klimaretter" alles so zu Wege bringen!

72. Zweifelhafte „intelligente" Folien!

Wie leicht ist es, als Theoretiker eine Dichtungslinie, in einen Bauplan zu zeichnen. Folien und Windsperren müssen heute alles leisten, was Bauphysiker nicht bis zu Ende denken!
Im Winter wird der meiste Dampf innen produziert und soll durch eine Dampfsperre auch innen gehalten werden. Wer garantiert das? Was geschieht in einer geschlossenen, nichteinsehbaren Konstruktion?

Wie lange halten Klebebänder? 10 Jahre oder 20 Jahre? Sie müssen viel länger halten! Lösungsmittel der Klebstoffe entweichen! Der Kleber wird spröde! Bei Winddruck ist die Sicherheit der Verbindung in Gefahr und reißt! Feuchtigkeit dringt in die Dachkonstruktion ein! Wer kontrolliert das? Wer garantiert, dass keine Feuchtigkeitsnester in der Konstruktion entstehen?

Wer erklärt den Diffusionsvorgang in der Konstruktion?

Dieser Diffusionsvorgang erfolgt zu 100 Prozent natürlich! Immer! Zu jeder Zeit. Im Winter soll der Vorgang durch die Folie gesperrt werden. Im Sommer dreht sich die Dampfdiffusion um! Dann drückt der Dampf von außen in die Konstruktion! Öfters kommen „intelligente" Windsperren, zum Einsatz. Eine Bahn heißt *„Feuchtevariable Hydrosafe-Dampfbrems- u. Luftdichtungsbahn".* Sind das Bahnen, die intelligent denken können!?
Der Lipperländer Architekt entdeckt immer mehr Feuchtigkeit und Schimmel in den Dachkonstruktionen!

Das hat was mit der Gesamtkonstruktion zu tun, die schon theoretisch nicht funktionieren kann! Theoretisch kann alles aufgezeichnet werden. Die Realitäten zeigen sich in den kollabierenden, durchfeuchteten und verschimmelten Dachkonstruktionen!

Im Buch: *„Baukonstruktionslehre Teil 2" (Teubner-Verlag)* von 1998, stehen deutliche Sätze zur Dachkonstruktion! „Als Konstruktionsregel ist zu beachten, dass Hölzer, die Feuchtigkeitseinwirkungen ausgesetzt sind, leicht wieder trocknen können müssen. Vor ständiger Einwirkung von wechselnder Feuchtigkeit, zum Beispiel Tauwasser, muss Holz durch konstruktive Maßnahmen geschützt werden."
Wer garantiert das?

Die heutigen Bauschäden in den Dachkonstruktionen werden gern den Handwerkern in die Schuhe geschoben! Das weise ich ganz klar zurück. Konstruktionen müssen von Herstellern so aufgebaut werden, dass sie auch 100 Prozent fachgerecht ausgeführt werden können! Kunststoffbänder und andere Kunststoffe werden verbaut. Nach wenigen Jahren werden die Materialien, ganz natürlich schwächer und geben irgendwann nach.
Was hat der Handwerker damit zu tun? Nichts! Die Handwerker und Dachdecker werden sich nach diesem Buch besinnen. Besinnen wir uns auf die wirklich funktionierenden Dachkonstruktionen aus Vollholz!
Es geht einzig und allein darum, funktionelle Konstruktionen den Menschen zu verkaufen.
Kunststoff wird nie Naturstoff. Das ist leider die Realität!
Im Buch: *„Baukonstruktionslehre"* stehen weitere bedenkenswerte Fakten! Die bisherigen Bauvorschriften sind für den Dachausbau gelockert worden. „Der durch die hohen Anforderungen der 3. Wärmeschutzverordnung (1995) nötige sehr dicker Wärmeschutzschichten und die Verwendung immer hochwertiger Ausbauelemente bedingen neue bauphysikalische und konstruktive Überlegungen für Dächer über ausgebauten Dachräumen."
Neue bauphysikalische und konstruktive Überlegungen stelle ich mit der Baurevolution an! Warum? Weil nichts funktioniert!
Das sollten sich alle Dachdämmexperten zu Gemüte ziehen! Es wurde seit dem nicht mehr überlegt! Die Dammstärken sind bei 40 cm angekommen. Das einzige sind die „intelligenten" Folien, die von sehr „intelligenten" Theoretikern entwickelt worden! Das heutige Bauen ist so verkompliziert worden, dass es kaum ein Zurück mehr gibt.

„Man kann das Geld in der Spielbank
oder auch im Haus begraben!"

Durch wachsenden Bauschäden, die der Lipperländer Architekt und ich erklären und aufzeigen, reichen für das Zurück!

73. Explodierende Baustoffkosten!

Das ungezügelte und verordnete Dämmbauen treibt die Baupreise immer weiter nach oben! Die Industrie und die Hersteller der bauvernichtenden Baustoffe haben einen Freifahrtschein für die Preiserhöhungen! Die Beweise für das nichtfunktionierende Bauen sind erdrückend! Das zeigen auch Kriterien, die schon vor 20 Jahren bekannt waren!
In dem *Baukonstruktionsbuch* von 1998 waren die Probleme in den Dachkonstruktionen schon bekannt! Schon zu dieser Zeit sind Unmengen an falschen Baustoffen eingebaut worden. Das zeigt folgender Text! Unter Konstruktionskriterien steht: „Lange Zeit wurden die belüfteten Konstruktionen für wärmegedämmte Dächer als nahezu standardmäßige Ausführung vorgezogen. Es kommt bei ihnen jedoch immer wieder zu erheblichen Schäden, die vor allem bedingt durch ungenügend dimensionierte oder durch aufgequollene Wärmedämmungen eingeengte Lüftungsquerschnitte sowie durch fehlerhafte Dampfsperren.
Bei Schadenanalysen wurde festgestellt, dass durch Luftströmungen infolge von undichten Raumabschlüssen so erhebliche Feuchtigkeitsmengen in die Gesamtkonstruktion transportiert werden, dass sie weit mehr als ein Tausendfaches (!) von Feuchtigkeitseinträgen durch Dampfdiffusion ausmachen können.“
In den teuersten Konstruktionsbüchern steht, dass es nicht funktioniert!

Wo steht und wird erklärt, dass diese Konstruktionen funktionieren?

Später steht, dass auf Grund dieser Kriterien, die Entwicklung zu nichthinterlüfteten wärmegedämmten Konstruktionen führen kann!
Durch falsche Baustoffe, die nicht mit Feuchtigkeit umgehen können, werden beide Konstruktionen nicht funktionieren. Das sind Überlegungen, die sich aus den Bauschäden ergeben.
Damit ist der Weg frei, die Dämmstoffe von wirklich unabhängigen Bauexperten, zu hinterfragen und gegebenenfalls aus dem Verkehr zu ziehen. Wenn die Menschen, Kunden, Planer und die Handwerker von diesem Buch erfahren, werden sie den Weg zum funktionierenden Bauen finden und fordern!

Weitere Beweise für die explodierenden Baupreise, sind die Gebäudelüftungen und Klimaanlagen. Mit dem U-Wert Effekivbauen, wären diese Gebäudelüftungen überflüssig. Ein offenes Bauen braucht diesen kostenträchtigen und instandsetzungskostenintensiven Unfug nicht!
Das **DICHT-Bauen** verursacht diese Kostenexplosionen! Mit der Baurevolution kommt der U-Wert-Knall!

74. Sinnlose dicke Dämmung unter Estrich und Bodenplatte!

Immer wieder, ist zu sehen, wie dicke Dämmplatten unter der Bodenplatte eines Haues verlegt werden. In Skrupelloser Weise werden auf die In Bodenplatte, dann nochmal bis zu 20 cm Polystyrolplatten (Styropror) verlegt.

Schon *Dipl.-Ing. Friedrich Eichler,* trifft in seinem Buch: *„Praktische Wärmelehre im Hochbau"* von 1964 klare und verständliche Aussagen!

„Liegt die Dämmplatte mehrere Zentimeter unter der Oberfläche, so könnte sie höchstens das Wärmegefälle der Fußbodenkonstruktion günstig beeinflussen, was offensichtlich erhofft wird. Nun ist jedoch in zahlreichen Fällen ein größeres Wärmegefälle gar nicht gegeben. Im geschlossenen Stall z.B. hat die Luft im Winter eine Temperatur von 5 Grad Celsius. Der Erdboden unter dem Gebäude hat in unserem Klima ebenfalls eine Temperatur von etwa 5 Grad Celsius. Hier ist also kein merkbares Temperaturgefälle vorhanden, also kann eine Dämmplatte auch keine Wirkung derartiges Gefälle ausüben. Sie würde wertvoll sein, wenn sie die Tiere vor der Berührung mit dem kalten Estrich schützen würde, aber dazu müsste sie oben liegen. Es bleibt also nur der Entschluss übrig, darauf zu verzichten!"

In Werkhallen können die Dämmplatten auch nur in beträchtlichen Abstand von der Oberfläche angeordnet werden. „Sie sind dann physikalisch nutzlos!"

In Wohnräumen, wo 20 Grad Celsius erreicht werden sollen, sind die alten Holzfußböden die beste Alternative, in Verbindung mit der Strahlungsheizung! 20 cm Dämmplatten unter dem Estrich sind unwirtschaftlich! Aber wer rechnet schon die Wirtschaftlichkeit dieser Maßnahmen aus?

Nur durch das U-Wert-Bauen werden die Dämmplatten unter die Bodenplatte gelegt. Eine Bodenplatte allein braucht ca. 4 Jahre zum austrocknen. Eine Wirtschaftlichkeit dieser Maßnahmen wird nie erreicht! Oder gibt es Gutachten, die nach Jahren zu genauen Resultaten führen? Das ist eine gute Geldvernichtung! Diese Vorgänge werden ungehindert durchgezogen! Das Bauen nach dem U-Wert effektiv, wird das Bauen auf den Kopf stellen!

Kapitel VIII: Noch eine kleine Baurevolution zwischendurch!
75. Erben von Schrottimmobilien

Achtung! Kinder und Schüler aufgepaßt!
Dieser Text geht hauptsächlich an die Kinder und Schüler der heutigen Zeit! Sie sind die Menschen, die das Missbauen von heute, morgen ertragen müssen!

Der Lipperländer Architekt, ist die Grundlage der nächsten Revolution! Er machte Unwirtschaftlichkeitsberechnungen in einem Passivhausfall! Die Ergebnisse waren eindrucksvoll und ließen ihn erkennen, dass sehr viel Geld aufgewendet werden muss, um später die Fassadendämmung zu erneuern und den Sondermüll zu entsorgen! **Jeder,** der Dämmen zuläßt, muss Rücklagen bilden, sonst betrügt er sich selber! Generationen werden Schrottimmobilien erben! Generationen werden das Erbe ausschlagen müssen, weil sie die Kosten nicht bezahlen können! Was will der Mensch, mit einer vererbten Schrottimmobilie? Er zahlt bis an sein Lebensende, für die Fehler, die heute gemacht werden!

Vor 20 Jahren ging es richtig los. Die Zerstörung von Wohngebäuden! Wärmedämmung auf der Außenwand, Dachdämmung und dichte Fenster, zerstören seitdem die Häuser. Der entstehende Schimmel, wird meistens mit irgendwelchen Mittelchen weggewischt. Der Schimmel brütet natürlich weiter!

Die Gebäude stecken in der Bauschadensfalle! Veralgte und gerissene Fassaden zieren heute schon das Straßenbild. Vielfach schon mehrmals übergestrichen, mit nicht lange funktionierenden Fassadenanstrichen.

Vorsicht vor „hochmodernen" neuen Häusern! Unabhängige Sachverständige erkennen Schrottimmobilien, die in der Bauschadensfalle stecken wie Passivhäuser bis Plus-Energiehäuser!

Heute könnt ihr Kinder und Schüler, den Erwachsenen das Bauen aus den Händen nehmen! Sie haben keine Ahnung vom richtigen Bauen. Ihr mit eurem freien Geist, erkennt die Gefahren für das Haus!

Die Baurevolution gibt euch die Grundlagen für die Baurevolution in der Familie!

76. Achtung! Hausbesitzer und Erben, Sondermüll-Rücklagen bilden!

Es geht weiter um Milliardenbeträge! Was sind die wahren Immobilienwerte, wenn sie heute, in 10 oder 20 Jahren vererbt werden! Heute schon werden immer wieder gedämmte Immobilien vererbt! Wann schnappt die Bauschadensfalle zu? Wann ist die Außenwand oder das Dach durchfeuchtet? Wann sind Gebäudelüftungsrohre so verkeimt, dass sie still gelegt werden müssen? Wer bezahlt das, in 10 oder 20 Jahren?

Der Erbe? Die Erbengemeinschaft?

Der Lipperländer Architekt leistet ganze Arbeit, bei seinen Unwirtschaftlichkeitsberechnungen, für Passivhäuser bis Plus-Energiehäusern! Was Prof. Claus Meier oder der Architekt Konrad Fischer schon lange gesagt haben, tritt ein!

Die meisten Energieeinsparmaßnahmen enden in der Divergenz, das heißt sie rechnen sich nie! Es werden **NULL** Heizkosten eingespart! Darüber hinaus müssen Rücklagen für die Entsorgung des Sondermülls gebildet werden! Nach wenigen Jahren kollabiert die Fassade oder das Haus!

Ein Glück für das Bauen, dass es noch einige freie und unabhängige Sachverständige gibt!

Den Erben bleibt nur der Verzicht auf das langersehnte Erbstück! Um wieviele Objekte geht es in 10, 20 oder 30 Jahren? Die Erben werden verzichten! Der Staat hat dann den ganzen Sondermüllsalat vor den Füssen! Dann sucht man verzweifelt nach den Schuldigen!

Die Baurevolution kommt gerade zur rechten Zeit, um die Milliardenbeträge zu retten. **Das heißt der Baustopp für den Dämmbaustil!**

<u>Kapitel IX</u>: Forderungen an die Verantwortlichen!
Text 77. Für das gesunde Wohnhaus!

Das U-Wert-Bauen hat Technologien hervorgebracht, die in keinster Weise, als ganzheitliches Bauen funktionieren! Diese Technologien, gehören auf den Prüfstand, verändert oder abgeschafft. Die Gesellschaft, der angstverbreitende Klimawandel, brauchen diese unwirtschaftlichen und bauschadensträchtigen Technologien, wie das Wärmedämmverbundsystem (WDVS) nicht! Früher haben sich Kontrollmechanismen bewährt. Da gab es viel weniger Pfusch als heute! Die heutigen Bauverwaltungsbehörden sind überfordert oder wissen einfach nicht, was die wichtigsten Paragraphen in der Energieeinsparverordnung (EnEV) oder im Bürgerlichen Gesetzbuch (BGB) sind! Früher gab es die Maurerehre oder Zimmererehre. Es wird Zeit, uns wieder darauf zu besinnen, wenn wir Handwerker, das Bauen noch retten wollen!

78. Forderung: Abschaffung des U-Wertes!

Fakt und nicht widerlegbar!
Der U-Wert ist nur im Labor erreichbar!
Der U-Wert wird auch als stationärer Wert bezeichnet und benötigt stationäre Bedingungen!
Der U-Wert benötigt immer gleiche Bedingungen, damit er sich einstellt!
Früher hieß er R-Wert, dann U-Wert und nun auch Lambda-Wert, damit niemand mehr dahinter kommt!

Der U-Wert entsteht aus einer Grundformel. In dieser Formel fehlt die Speicherfähigkeit der Baustoffe und der solare Eintrag! Der solare Eintrag findet täglich statt. Auch im Winter, sogar auch auf der Nordseite. Der Eintrag kann an den verschiedenen Seiten nachgewiesen werden! An der Südseite ist er höher, als an der Ost-Westseite und Nordseite!

Der Stein und das Holz besitzen eine hohe Speicherfähigkeit, der die solare Wärme aufnimmt, speichert und ins innere des Mauerwerks transportiert! Da wirkt er dem nach außen abfließenden Wärmestrom entgegen ! Das U-Wert-Bauen ignoriert diesen Sachverhalt!

Eine Außenwand hat 8 energierelevante Faktoren zu erfüllen und nicht nur einen Wert! Dazu gehören: Wanddicke, Wärmespeicherfähigkeit, Strahlungsaufnahmefähigkeit (Farbe), Oberflächenstruktur, Feuchtigkeit (Sorptionfähigkeit), Wärmeleitung, Wärmebrücken und Wärmeeindringgeschwindigkeit.

Die für Jedermann verständlichen, theoretischen und praktischen Alternativen zum U-Wert, machen die Baurevolution so stark. Durch *Prof. Claus Meier* gibt es den U-Wert effektiv, der die Speicherfähigkeit der Baustoffe und den solaren Eintrag in die Wand enthält. Umfangreiche Tabellen in seinen Büchern, zeigen die U-Wert Effektivwerte, bei Außenwänden und Dachkonstruktionen!

Die Speicherfähigkeit der Baustoffe und der solare Eintrag kann nicht geleugnet werden. Das ist nicht widerlegbar.

Die immer mehr zunehmenden Bauschäden widerlegen den U-Wert!

Nun ist die Gesellschaft, jeder einzelne, gefordert!

79. Forderung: Funktionierendes und wirtschaftliches Bauen!

Die geschriebene Baurevolution wird nun alle Menschen erreichen, ob sie wollen oder nicht! Zuerst muss und wird das Bauen von erfahrenen Meistern, objektiv, sachlich und neutral auf den Prüfstand gestellt. Erfahrene Baumeister, Zimmermeister und Dachdeckermeister werden das Haus erstmal theoretisch zum Funktionieren bringen!

Bauingenieure oder Uni-Professoren dürfen selbstverständlich dabei sein! Zuerst kommt aber die Praxis! Was funktioniert und was nicht! Danach dürfen Ingenieure und Uni-Professoren, die längst überfälligen Baubücher, neu ordnen und schreiben! Ich sage aber auch ganz deutlich!

Foto: Jaskulski - „Männerkisten"

Die Meister brauchen keine Ingenieure und Professoren, um ein Wohnhaus zu bauen. Das hat nichts mit Größenwahn zu tun.

Als angehender Maurermeister musste ich ein Haus statisch, von oben nach unten rechnen! So bin ich von der Handwerkskammer in Braunschweig geprüft worden! Genauso musste ich ein Haus zeichnen, was auch geprüft wurde. Ich werde die natürlichsten und funktionierensten Wohnhäuser planen und zur Genehmigung einreichen und anbieten!
Aber erstes, würde ich die Männerkisten abschaffen. Das traurige Kistenbauen ist Männersache! Männer haben diesen Dämmbaustil mit ihrer ganzen Härte geprägt und durch gesetzt! Weil heute schon mehr Frauen Architektur studieren, werden die Frauen auch wieder die weiblichen Elemente in und an unsere Häuser bringen!
Ingenieure und Professoren können dann das kleine funktionierende Bauen auf die größeren Bauten übertragen.
Ich kann mir nicht vorstellen, dass Krankenhäuser bewehrte Betonwände benötigen! Hinter diesen Wänden kann niemand gesund werden!
Stein- und Holzgebäude werden auch da Einzug halten!
Um das Ganze zu verwirklichen muss die Baurevolution leben und die Verordnungen und Gesetze geändert werden!
Das U-Wert-Bauen ändern, in U-Wert-Effektivbauen!
Oder wollen wir, dass die Natur und unsere Erde, uns weiter die Grenzen aufzeigt!

80. Forderung: Abschaffung der Dämmkonstruktionen!

Die sehr risikoreichen und dazu unwirtschaftlichen Dämmkonstruktionen,gehören auf den Prüfstand und abgeschafft. Seit Jahrzehnten werden die wirklichen bauphysikalischen Vorgänge in den Konstruktionen ignoriert. Die Wärmedämmverbundsysteme verstoßen gegen die natürlichen Gesetze des funktionierenden Bauens! Das Gesetz, von innen nach außen offener zu bauen, was Baumeister geschaffen haben, wird wieder **Gesetz** werden!

Die sehr risikoreiche Dachdämmung, mit ihren unterschiedlichen Diffusionsvorgängen und Folien, gehört auf den Prüfstand und abgeschafft!

Das U-Wert Effektivbauen wird die natürlichen, gesunden und wirtschaftlichen Bautechniken hervorbringen! Das Effektivbauen bringt gesunde und sehr gut funktionierende Fassaden und Häuser hervor!

81. Forderung: Wiedereinführung der Baupolizei!

Früher gab es die Berliner Baupolizei! Sie kam unangemeldet und war sehr gefürchtet! Weil nach der Baurevolution nur noch wenige Bautechniken übrig bleiben, kann die Baupolizei zügig ausgebildet werden! Diese hochqualifizierten Menschen werden kontrollieren! Aber auch den Handwerkern helfen, die richtigen Schritte zu tun!
Es muss im Interesse der Gesellschaft sein, eine moralisch, einwandfreie Bauleistung abzuliefern. Jeder einzelne, ob Geselle, Meister oder Ingenieur, wird durch sinnlose Verordnungen in diesem Land erdrückt. Ich habe lange gebraucht, um diesen gewaltigen Schritt, der Baurevolution zu gehen!
Nun ist es Zeit, die Strukturen zu hinterfragen, zu kappen und neu zu gestalten. Die Baurevolution ist mein Schritt, als Maurermeister und freier Sachverständiger! Allerdings wird sie durch **Sie** gelebt!

82. Forderung: Ganzheitliches Bauen

Heute haben wir ein Sympton-Bauen. Da wird schnell die Fassade gedämmt! Das Fensterwechseln muss später geschehen. So in 5 Jahren. Das Dach wurde schon vor 15 Jahren neu gedeckt und gedämmt.
Durch die „Dämmvorschriften" müsste es eigentlich schon wieder neu gedämmt werden! Der Heizkessel ist 27 Jahre alt und muss in 3 Jahren gewechselt werden!
Alle Maßnahmen, ob in ihrer Gesamtheit oder einzeln, haben nichts mit ganzheitlichem Bauen zu tun! Erstens funktionieren sie nicht, sie rechnen sich nicht und es ist Sondermüllbauen.
Ein Malermeister muss wissen, was er dem Haus antut, wenn er einfach die Fassade dämmt! Er verändert das bauphysikalische Gleichgewicht des Hauses! Wenn er ganzheitliches Bauen denken könnte und wollte, dann würde er zum Heizungsbauer gehen, der die Konvektorheizung auf Strahlungsheizung umstellt. Ganzheitliches Bauen zeigen die sehr begehrten Jugendstilhäuser, in vielen Großstätten. Dicke Wände, hohe Decken, sowie Holzdecken- und Fußböden. Diese wohl besten Häuser sind um das Jahr 1900 entstanden. In dieser Zeit waren es Kachelöfen, die die Wohnungen warm hielten. Mit der Zentralheizung kamen die Rippenheizkörper in die Häuser, die recht viel Strahlungswärme erzeugten. Als diese Rippenheizkörper, den „modernen Platten-heizkörpern" Platz gemacht haben, veränderte sich das ganzheitliche Bauen! Durch die recht hohen Vorlauftemperaturen war das eine Luftheizung! Eine Konvektionsheizung, die nur die Raumluft aufwärmte. So brachte diese Heizung die ersten gesundheitlichen Beschwerden mit sich. Warum? Die Rippenheizkörper, vielmals in Verbindung mit den

Kachelöfen, ergaben eine wunderbare gesunde Strahlungswärme. Diese Stahlungswärme erwärmte die Umfassungsflächen, Möbel und andere feste Stoffe!
Nach dem Einbau der Zentralheizung wurden die Kachelöfen immer weniger geheizt. Dadurch entstand die ungesunde Konvektorluft. Die Luft ist dabei wärmer als die Umfassungswände.
Leider werden diese Zusammenhänge kaum noch erklärt. Wenn Meister und Ingenieure tiefer in die Materie eindringen, dann erledigt sich die ungesunde Konvektorheizung von selbst! Daraus ergibt sich die Forderung, nach einem Verbot, der Konvektorheizung im Wohnraum! Verordnet wird die Stahlungsheizung! Es gibt hervorragende Produkte, ob mit Strom oder Wasser!

83. Forderung: Grundordnung Bauen!

Die Grundordnung für das beste und gesunde Wohnhaus, finden sich in alten Baubüchern der vierziger bis sechziger Jahre, aus dem letzten Jahrhundert! Da sind noch kaum bauzerstörende Baustoffe enthalten. Bauzerstörende Baustoffe sind welche, die nicht mit Feuchtigkeit umgehen können. Das heißt, die Feuchtigkeit dringt durch Diffusion in einen Baustoff, zum Beispiel Polystyrol oder Mineralwolle ein! Dort kann sie nur schwer wieder abtrocknen. Der Lipperländer Architekt sagt: „Eine Abtrocknung der Dämmung, ist durch fehlende Kapilarität nicht möglich!"
Jeder weiß, dass eine trockene gemauerte Außenwand, sehr wenig Energie durchgehen lässt. Genau das ist durch das heutige Bauen, auf den Kopf gestellt! Nur der Dämmbaustil zählt und sonst nichts!
Noch gibt es Meister, alte Architekten und Bauingenieure, die die Grundordnung diskutieren und für die nächsten Generationen aufschreiben können! **Müssen!**
Zu allererst geht es darum, dass ein Haus funktioniert und dass viele Jahrzehnte lang! Das gilt auch für die Heiztechnik! Der Kunde und das Haus haben ein Recht darauf!
Aus dem Bauen „Made im Missbauenland", wird wieder ein Bauen „Made in Germany".

84. Forderung: DIN-Normen auf den Prüfstand!

Viele DIN-Normen im Bauwesen gehören auf den Prüfstand und zum Teil abgeschafft!
Persönlichkeiten, wie *Prof. Claus Meier* oder der Architekt *Konrad Fischer*, haben sehr lange, berechtigte Kritik an den DIN-Normen geübt! Die DIN-

Normen (Deutsche Industrienorm) funktionieren im Bauwesen nicht objektiv und neutral. Das sagt schon das Wort, **Industrie**norm!
Die Großindustrie regiert das Bauen. Die DIN-Normen wurden immer wieder im Sinne der Industrie geändert.
Deswegen haben wir dieses unglückliche bauschadensträchtige U-Wert-Bauen! Das gehört geändert, so wie auch die DIN-Normen! Das Wort sollte es in Verbindung, mit dem Haus, dann auch nicht mehr geben!
Baumeister-Normen klingt viel besser!
Die Industrie, wenn sie denn Interesse am funktionierende Bauen hat, wird sich im eigenen Interesse zurückziehen! Sie hat genug Schaden angerichtet. Die Industrie sollte nicht anfangen, den Finger auf die Handwerker zu richten. Das wäre peinlich!
Die allgemeinen anerkannten Regeln der Wissenschaft und Technik, werden in der Grundordnung Bauen niedergeschrieben. Diese Regeln sind von den Handwerkern zu befolgen. Denn diese Regeln werden verständlich sein! So wird die Jahrzehnte verloren gegangene Handwerkerehre wieder aufleben.
Die Menschen, das Haus, die Natur und die Erde verlangen die Ehre!

85. Forderung: Objektive Verbraucherzentralen und Verordnungen!

Bei meinem letzten Messebesuch auf der ABF 2019 war ich auch auf dem Stand der Verbraucherschützer.
Ein Diagramm zeigte verschiedene Baustoffe im Dämm-Vergleich. Durch den U-Wert war das 2 cm Holz vier oder fünfmal schlechter als Polystyrol (Styropor). Damit wird dem Kunden gezeigt, was „dämmt" und was nicht!
Das ist nicht mehr hinzunehmen! Ich sprach die Frau und den Mann auf dem Stand an, weil die Beratung vom Verbraucherschutz nicht objektiv und neutral ist! Ich sagte, dass ist U-Wert-Bauen und nicht hinzunehmen!
Dabei brachte ich den U-Wert effektiv ins Spiel, den sie nicht kannten. Dieser U-Wert effektiv enthält die Speicherfähigkeit der Baustoffe! Jeder Mensch kann sich mit seinem gesunden Menschenverstand vorstellen und fühlen, was die Speicherfähigkeit von Baustoffen bedeutet, wenn man es ihnen erklärt!
Es wird aber nicht erklärt! Auch vom Verbraucherschutz nicht! Das ist Irreführung!
Ich erklärte ihnen, dass die Speicherfähigkeit des Holzes ca. **40 mal höher** ist als bei Polystyrol und nochmal viel höher als bei Mineralwolle oder Steinwolle! Die Wärmemoleküle dringen doch in Polystyrol oder Mineralwolle viel schneller ein als bei Holz oder Stein. Dementsprechend eilen die Wärmemoleküle viel schneller durch den Baustoff.

Deswegen sind wir durch das dumme Festhalten an den U-Wert, bei Dämmdicken im Dach, bei **40 cm** und auf der Fassade bei **30 cm und mehr** angekommen!

Holz erledigt das mit wenigen Zentimetern! **4 cm reichen, kaum zu glauben! Der Lipperländer Architekt und ich** werden Versuchshütten durchsetzen! Aber nicht wie in den achtziger Jahren, im Fraunhofer-Institut Holzkirchen, geschehen! Da wurden schon mal 4 Häuser verglichen, wo das Massivhaus sogar besser abschnitt, als die gedämmten Häuser! Leider haben sich durch Konrad Fischer erst in den letzten Jahren die Unterlagen wieder eingefunden. Deshalb auch die Anklage an die Bauphysiker, die diese Unterlagen haben im Schreibtisch versauern lassen! Der Unterschied, wird ganz anders sein.

Versuchshäuser, zum Beispiel in Verbindung mit der Tiny-Haus-Entwicklung, werden durch das wahre Leben geprüft. Wahres Leben bringt die richtigen messbaren Feuchtigkeitsansammlungen in die Konstruktionen!

Von außen werden endlich die eindringende Feuchtigkeit durch die Dampfdiffusionsumkehr im Sommer genau untersucht!

Erst dann können die Verordnungen neu geschrieben werden. Der Verbraucherschutz sollte sich das Wort „Verbraucherschutz" mal definieren! Der Schutz des Verbrauchers kann anfangen mit dem richtigen Rechnen! Man braucht nichts vom Bauen zu verstehen, wenn schon mal richtig gerechnet wird. Weiter muss der Verbraucherschützer wissen, was natürlicher und unnatürlicher Baustoff ist. Jeder weiß heute, das der Sondermüll sehr teuer zu entsorgen ist.

86. Forderung: Bauämter müssen wissen!

Bauämter haben zu wissen, was in der Energieeinsparverprdnung (EnEV) oder im Bürgerlichen Gesetzbuch (BGB) steht.

Um es auf den Punkt zu bringen, Bauämter genehmigen das nichtfunktionierende U-Wert-Bauen. Durch diese Baugenehmigungen leisten diese Ämter, die vom Steuerzahler bezahlt werden, nichts!

Da sitzen Menschen, mit ihrem gesunden Menschenverstand und genehmigen überwiegend Schrottimmobilien! Der Zustand auf den Bauämtern ist für das funktionierende Haus katastrophal! Mitarbeiter, die Bauanträge bearbeiten, wissen nichts über Befreiungsanträge nach § 25 Befreiungen der EnEV. Der Lipperländer Architekt wurde von einem Zimmer zum nächsten geschickt. Er hat keine Antworten bekommen.

Einem Befreiungsantrag liegt eine Wirtschaftlichkeitsberechnung bei, die diese Ämter nicht kennen. Die Bauanträge werden nach den ersten Paragraphen der EnEV gestellt, ohne eine Wirtschaftlichkeitsberechnung.

Da braucht sich niemand zu wundern, dass dieses Bauen den Bach runter geht!
Die Menschen können nicht genehmigen! Sie verwiesen den Architekten an einen Verbraucherschützer, der jede Woche in das Bauamt kommt! Ich war zu einem Termin mit dem Verbraucherschützer dabei. Das Gespräch, war zwar sehr informativ und auch auf Augenhöhe! Mehr auch nicht!
Das richtige Bauen hat so nie eine Chance, wenn die Bauämter, von den dafür wichtigsten Dinge keine Ahnung haben!
Das ist ein nicht hinzunehmender Zustand und gehört geändert! Der Lipperländer und ich werden das ändern!

87. Forderung: Wissenschaftliche Langzeituntersuchungen

Seit ca. 30 - 40 Jahren haben wir eine einseitige Bau-Wissenschaft und damit Stillstand! Sie ist einzig und allein dem nichtfunktionierenden U-Wert-Bauen zugewandt! Seit 1984 stehen Häuser in Holzkirchen, beim Fraunhofer-Institut, die genug Aufschluss geben. Da stehen gedämmte und massive Häuser im Vergleich. Die Heizkosten für die gedämmten Häuser waren sogar etwas höher als bei den massiven Häusern! Leider waren diese Untersuchungsergebnisse fast 30 Jahre verschwunden! Der Architekt *Konrad Fischer* hat es geschafft, die Ergebnisse der Öffentlichkeit zugänglich zu machen.
Dieser Vorgang kam sogar im Fernsehen! Trotzdem ging der Dämmbaustil weiter! Für was wurde die Wissenschaft in den letzten Jahrzehnten bezahlt, wenn solch immens wichtige Ergebnisse verschwinden!
Die Wissenschaftler, allen voran die Bauphysiker, die diesen Vorgang zu verantworten haben, müssen zur Rechenschaft gezogen werden.

Wir sind immer wieder bei den Milliarden-Werten oder Billionen-Werten! Diese Wissenschaftler, mit ihrem zweifelhaften theoretischen U-Wert-Bauen, haben dieses Missbauen erst möglich gemacht!
Nur unabhängige Bausachverständige und Baufachleute müssen jetzt gefunden werden, die die Bau-Wissenschaft auf neue Füsse stellen! Es müssen Langzeituntersuchungen unter realen Bedingungen gemacht werden!
Jetzt schon, können objektive Fachleute, hunderte Häuser miteinander vergleichen! Was hatten Häuser wirklich an Heizkosten und welche Investitionskosten fielen an. Die Instandsetzungs- und Wartungskosten gehören auch dazu!
Der Lipperländer   Architekt und ich, werden die Wissenschaft herausfordern!

88. Forderung: Zweifelhafte Bauphysik-Institute schließen!

Zweifelhafte Bauphysik-Institute oder auch Passivhaus-Institute, gehören auf den Prüfstand! Das einseitige Festhalten an dem U-Wert-Bauen, hat zu den massenhaften Passivhäusern bis hin zu Plus-Energiehäusern geführt.

Der Lipperländer Architekt ist gerade an einem Passivhaus dran, wo nach dem Einzug, die Heizkosten und Bauschäden explodierten. Die Lüftunganlage ist eine Katastrophe. Die Luftfeuchtigkeit geht auf fast 20 Prozent runter. Das Holz in den Wohnräumen verzieht sich. Die Anlage ist so laut, dass niemand schlafen kann. Abschalten der Anlage und Fenster auf, waren die Folge! Innerhalb von 3 Jahren sind die Heizkosten um einige Hundert Prozent gestiegen!
Die weiteren Untersuchungen! 40 cm Dämmung im Dachgeschoß durchfeuchtet langsam sowie der Dachstuhl! Die Fassadendämmung durchfeuchtet ebenfalls. Bauschäden ohne Ende und die Unwirtschaftlichkeit!
Die Ursache liegt wohl auf der Hand. 30 cm Polystyrol oder Styropor auf der Fassade sind wohl zu viel für ein Wohngebäude.

Wir werden den Passivhäusern und anderen Leuchtturmobjekten kräftig auf den Zahn fühlen! Das solche Probleme kaum ans Tageslicht kommen, liegt wohl eher an der Bevölkerungsschicht, die sich diese teuren Objekte leisten können! Das diese Prestigeobjekte theoretisch nicht funktionieren, kann und darf natürlich nicht sein.
Höhere Verbräuche bezahlen sie einfach! Das Glück des Bauens ist die Natur! Sie hat alle Macht und trägt die Macht in die Wohnräume, bis der letzte Passivhausbesitzer wach wird!
Der Lipperländer Architekt, ich und viele andere Persönlichkeiten warnen schon sehr lange vor den waghalsigen Konstruktionen!
Die Tage des U-Wert-Bauens sind gezählt! Die Gerichte werden sich in den nächsten Jahren mit diesem Thema, des U-Wert-Betruges, auseinandersetzen müssen! Die Regressforderungen von geprellten Kunden werden auch die Bauphysik-Institute nicht verschonen!
Im eigenen Interesse ist es besser, wenn sie sich schnell zurückziehen, bevor sie noch weitere Leuchtturmprojekte starten!
Sonst werden es die Menschen, die Kunden, die Maurermeister, Dachdeckermeister, Zimmermeister, die Erben, die Investoren, die Immobilienmakler und viele mehr tun!

89. Forderung: Den Schuldigen der Baukatastrophe verzeihen!

Wer sind die Schuldigen! **Alle Erwachsenen!** Die ganze Gesellschaft! Ich habe nach meinem Maurermeistertitel 7 Jahre benötigt, bis das falsche Bauen bei meinem gesunden Menschenverstand angekommen ist! 7 Jahre habe ich benötigt, weil ich davor nicht richtig nach gedacht habe. Ich habe sogar, während meines Maurermeisterlehrgangs, einen Anbau an meinem Haus gedämmt. Einem Malerfachbetrieb habe ich damals mehr vertraut und 10 cm Dämmplatten an die Fassade geklebt. Die Algen- und Risserfahrungen habe später erleben dürfen!
Der Lipperländer Architekt hat 12 Jahre gebraucht, um hinter das zweifelhafte U-Wert-Bauen zu kommen. Durch seine Sachverständigen-tätigkeit und das jahrelange Wühlen in den Dachkonstruktionen und Fassaden, erkannte er die falschen Baukonstruktionen, unter realen Bedingungen.
Es ist unsere Aufgabe, als Menschen, diese gigantische Herausforderung, des Einsehens, zu **meistern!**
Es ist vielen herausragenden Persönlichkeiten, wie *Prof. Claus Meier* oder *Konrad Fischer*, zu verdanken, dass wir überhaupt „Einsehen" können. Ohne ihrem kritischen Forschen und Schreiben, gäbe es die Baurevolution oder den kritischen Lipperländer Architekt nicht!
Für viele Menschen wird es eine Qual werden, alle Texte dieses Buches zu lesen! 12 Jahre gehe ich nun den Weg des Einsehens und Kämpfens. Es reicht, wenn das eigene Eingeständnis kommt und jeder sich selbst, für die Schwäche verzeiht! Ich habe es auch getan!
Wer Fehler gemacht und anderen damit geschadet hat, kann nur versuchen, um Verzeihung zu bitten. Da aber durch Bauschäden und Pfusch, viele Tausend Euro und auch Existenzen geopfert wurden, kann das schwierig werden.
Wir haben jetzt die einmalige Chance, das Missbauen und das richtige Bauen zu verändern! Die geschriebene Baurevolution wird dabei helfen!

<u>Kapitel X:</u> Denkbare Lösungen für das funktionierende Bauen!
90. Das sichtbare U-Wert-Effektivbauen zeigt uns die Lösungen!

Erst beim Schreiben der über hundert Texte zum heutigen Bauen,wurde mir klar, auf welcher Rasierklinge das Bauen lang läuft! Geht das Missbauen, das U-Wert-Bauen, der Dämmbaustil und der verordnete und genehmigte Baupfusch weiter? Dann wird es in naher Zukunft nur noch die Kisten geben! Dann hat nur noch die Natur, die Macht, dass Missbauen zu beenden.
-        Wollen wir Meister wirklich diese Waschlappen sein, die nicht
         richtig Bauen oder ein Haus bauen können?

- Wollen wir Maurermeister weiter dem Malermeister die Fassade überlassen?
- Will der Malermeister weiter als der größte Fassadenpfuscher in die Jahrtausende alte Baugeschichte eingehen?
- Wollen die Generalunternehmer weiter nur an das Geld der Menschen, ohne ihnen ein perfektes Zuhause zu liefern?
- Will der Heizungsmeister endlich die gesunde Strahlungsheizung zu den Menschen bringen?
- Will die Industrie weiter gegen den Menschen, die Natur und Erde liefern und produzieren?

Es braucht Lösungen, die funktionieren! Lösungen, die theoretisch einfach verstanden werden und unkompliziert in die Praxis um gesetzt werden können und in der Praxis funktionieren.

„Der Studierte kann das Haus manipulieren,
wie der Mensch es jetzt sehen kann!
Der Baumeister nicht!
Das würde auch jeder sehen!"

Das zukünftige Bauen hat nur eine Chance, wenn die Großindustrie die falschen Baustoffproduktionen einsieht und sich komplett aus dem Missbauen zurückzieht! Sie hat jedes Vertrauen verspielt!
Wir besinnen uns mal und lassen das Wort „Industrie" neu definieren! Das Wort Industrie kommt aus dem lateinischen Wort, „industria". Es bedeutet Betriebsamkeit und Fleiß! Gemeint ist damit, dass Dinge hergestellt oder weiter verarbeitet werden. Das geschieht in kleinen Werkstätten von Handwerkern!

Die hier, kleinen hochanständig arbeitenden Familienbetriebe, wie ein Kalkputzhersteller, werden die Handwerker, mit sauberen Kalkprodukten beliefern. Nochmal zu „Industria". Ich sitze heute nicht mehr krumm und gebeugt da, sondern sehr aufrecht! Denn mit meiner Betriebsamkeit und dem Fleiß zerreiße ich das heutige Bauen in alle Stücke! Der Winde weht den Dreck davon! Ich bin mir bewusst, dass dieses Buch, die Macht über **Billionen Minus oder Plus** hat! Nur ein Gedanke der Menschen läßt die Minus Billionen, in Plus-Billionen verwandeln!

Das Großwerden der Bau-Industrie,
ist das langsame Sterben des Bau-Handwerks!
Wer will das?

91. Lösung: Politik hebt die Verordnungen auf!

Die erste Handlung der Politik ist, die Sondermüllbaustoffe zu verbieten.
Das heißt, alle Baustoffe, die nach ihrem Rückbau, nicht zweifelsfrei der
Erde wieder zurück gegeben werden können, sind zu verbieten!
Die Politik ordnet die Zuständigkeiten im Wohnungsbausektor neu. Die
neue Baukommission für humanes Bauen wird die Lösungen für die
Grundordnung Bauen finden. Voraussetzung, sie müssen 10 oder 20
Jahre zweifelsfrei funktionieren.
Naturgewalten sind natürlich schwer auszuschließen!
Die Politik begreift, dass ihr verordnetes Bauen nie funktionieren wird! Sie
begreift, dass ihre Klimapolitik, dem Menschen, nur Angst und Schrecken
bringt! Sie wird die sinnlosen Paragraphen in der Energiesparverordnung
(EnEV) streichen. Die Funktionalität des Hauses steht an erster Stelle!
Danach kommt sofort die Wirtschaftlichkeit.
Das ein Haus nur wenig Heizenergie verbrauchen soll, ist
selbstverständlich. Zehntausende Euros werden durch einfacheres Bauen
eingespart. Bauschäden durch falsche Techniken, werden von den
Meistern praktisch ausgeschlossen! So bleiben über Jahrzehnte viele
Tausend Euro bei den Hausbesitzern.
Die Politik wird die einseitigen KfW-Banken schließen oder für alle
zugänglich machen. Sie schließt die bauzerstörenden Institutionen, wie
Bauphysik-Institute oder Deutsche Energieagentur (Dena)!

92. Lösung: Die Großindustrie zieht sich zurück!

Die Großindustrie ist letztlich verantwortlich für das Sondermüllbauen. Sie
liefert und bewirbt diesen Sondermüll! Wenn sie mit gesundem
Menschenverstand verantwortungsbewusst, Baustoffe hergestellt hätte,
gäbe es keinen Sondermüll. Dann gäbe es keine Bauschadensfallen!
Denn an den Bauschäden verdienen sie wieder! Und immer wieder!
Es gäbe keine ausufernden Bauschäden und Pfusch. Jedes Jahr
entstehen dadurch Schäden in Milliardenhöhe! Viele Häuser sehen nie
eine Abnahme, weil sie haarsträubende Baufehler aufweisen. Drei Jahre
warten zwei Wohngebäude bei Münster auf die Abnahme! Es geht um 25
Wohneinheiten und um Millionenbeträge! Viel Dämmung, Beton und
Dichtungsfolien, sind verbaut worden!
Wie lange der Übergang zum funktionierenden Bauen dauert, entscheiden
wir alle! Die Industrie kann ja nachweislich funktionierende Lösungen
anbieten. Die neue Baukommission, kann sie prüfen, annehmen oder
ablehnen! Prüflaborberichte sowie Volldeklarationen von Baustoffen
generell, müssen überprüft werden.

Das funktionierende Bauen wird der Industrie, den Weg weisen und nicht mehr andersherum!
Neben dem Lipperländer Architekt und mir, werden sich sehr viele Menschen zusammenfinden, die auf diesen Weg gewartet haben!

93. Lösung: Der U-Wert effektiv wird Gesetz!

Der bauphysikalische U-Wert, auch stationäre U-Wert im Beharrungszustand genannt, ist nachgewiesen, nur im Labor erreichbar. Häuser stehen nicht im Labor, sondern sind immer wechselnden Bedingungen ausgesetzt.

Häuser stehen im Freien, ihr Bauphysiker und nicht im Labor!

Zeugen sind die Bücher: „Richtig Bauen" von Prof. Claus Meier und die Internetseite von Konrad Fischer, info@konrad-fischer.de. Da sind auch die Beweise zu finden, dass der U-Wert effektiv, schon Jahrzehnte existiert!
Im Buch „Richtig Bauen" finden sich viele Quellen, die auf jeden Fall aufgearbeitet werden müssen.
Ob letztendlich ein U-Wert effektiv, Gesetz wird, ist für mich zweitrangig. Das wichtigste Ziel ist, das nachweislich nichtfunktionierende Sondermüll-Bauen zu stoppen!
Uns Menschen stehen alle Bautechniken, in Theorie und Praxis zur Verfügung, die die Baugeschichte hervor gebracht hat. Wir brauchen uns nur zu bedienen!
Wenn wir die Genehmigung zum „RichtigBauenDürfen" bekommen, dann planen und bauen wir Baumeister auch so. Der Lipperländer Architekt und ich sind in der Lage dazu. Wir planen und bauen Häuser, die generationsübergreifend funktionieren, ohne Bauschadensfalle! Dazu brauche ich keine Verordnung oder einen U-Wert! Ich bin Maurermeister ,und ich habe das Wissen und Können!

94. Lösung: Handwerkskammern ordnen Handwerksbranchen neu!

Die Kammern haben unverzüglich, dieses nichtfunktionierende Bauen zu stoppen und neu zu ordnen!

Der Maurermeister ist verantwortlich für das gesamte Wohnhaus!

Er kann das Haus planen und bauen! Ich werde das mit 56 Jahren anstreben.

Erstens: Ich werde ein funktionierendes Haus planen und zur Genehmigung beim Bauamt einreichen! Bekomme ich es genehmigt, kann ich es den Menschen anbieten. Das kann anfangen, mit einem Tiny-Haus oder einem kleinen Einfamilienhaus!

Zweitens: Ich werde einen Bauanträge stellen, mit einer Befreiung nach „§ 25 Befreiungen", nach der EnEV! Zum Beispiel hat der Kunde ein Haus, welches dicke Wände hat und der Putz ist zu über 10 Prozent beschädigt. Die Kunden lassen diese Fassaden nicht instandsetzen, weil sie dafür keine Genehmigung bekommen! Ab 10 Prozent muss die Fassade dick gedämmt werden, sagt die Verordnung! Das dies unwirtschaftlich ist, stelle ich beim Bauamt Befreiungsanträge! Die Bauämter haben zu befreien, steht in der EnEV!

Die Handwerkskammern haben diese Vorgänge zu unterstützen, sonst disqualifizieren sie sich selbst!

Bauservicefirmen, die mitunter alles auf dem Bau machen, also auch statische Arbeiten ausführen, gehören gestoppt! Diese Firmen müssen den Maurermeister machen! Auch im eigenen Interesse! Zwischenzeitlich können sie bei guten Maurermeistern oder Baufirmen, die das funktionierende Bauen praktizieren, sich anstellen oder weiterbilden lassen und Erfahrungen machen!

Mit 37 Jahren habe ich erst den Maurermeistertitel bekommen. Wir wurden von manchem Handwerkskammermitglied immer wieder in Angst versetzt. Ich und andere Teilnehmer hatten großen Respekt, es überhaupt zu schaffen. Zehn haben angefangen und vier (auch ich) haben die erste Prüfung bestanden. Bauen, ist viel einfacher als wir denken! Das komplizierte Sondermüllbauen, was niemand versteht und erklärt, fliegt heraus!

Das Bauen, mein Bauhandwerk, ist bis zur Unkenntlichkeit verstümmelt! Nichts von meinem Meisterstück ist bei der täglichen Arbeit übrig geblieben.

Nun fordere ich die Handwerkskammern auf, das grundsätzlich zu ändern. Alles, was ich aufgeschrieben habe, ist über 40 Jahre Händearbeit und im 12 Jahre Studium des theoretischen Bauens gewachsen

Aus dieser Nummer kommt niemand mehr heraus! Die Lehrpläne werden neu geschrieben! Für viele Gewerke! Dafür sorgt die Baurevolution heute!

95. Lösung: Baumärkte auf dem Prüfstand!

Der langsame Exitus, der fussballfeldgroßen, aufgeblähten Baumärkte, ist die logische Konsequenz. Verdient haben natürlich nur die Bosse, in den oberen Etagen! Durch das verordnete Bauen haben sie einen Freifahrtschein, den ganzen Sondermüll zu verkaufen.

Der Nichtfachmann oder Laie bekommt zuerst einen Flyer in die Hand. Zu Hause studiert er ihn und fängt an zu dämmen und ist sofort „Bauprofi"!

Willst du eine besondere Pille, musst du den Arzt oder Apotheker fragen!
Willst du dein Haus zerstören, geh in den Baumarkt!
Da wird dir auch geholfen!

Der neue Bauprofi ist durch den Flyer, „qualifiziert"!? Er greift mit diesen Arbeiten sofort in das bauphysikalische Gleichgewicht des Haues ein. Er weiß nicht, dass er damit eine Bauschadensfalle aufbaut!
Viele Baumärkte kommen in Schwierigkeiten, wenn niemand mehr die Dämmstoffe oder den Sondermüll kauft! Welcher Baumarkt, erklärt den Kunden, dass das Holz kammergetrocknet ist und nicht mehr natürlich ?
Der Staat und die Gesellschaft wird durch die Baurevolution gezwungen werden diese Schiefstellung aufzufangen!
Nach dem Fall der Mauer mussten sich viele Menschen neu orientieren. Ich tat es auch! Ich ließ mich dabei viel zu sehr blenden, von dem schönen bunten Westen! Mein Bauhandwerk brachte ich mit, und ich war sehr begehrt. Ich brauchte die Arbeit nicht zu suchen!

Foto: Jaskulski - Der Baumarkt und sein Missbauen! Hier wird seit Jahren gebastelt, Plastikfenster, Bauschaum, Vorbereitung für den goldenen Schuss der Fassadendämmung, trauriger Anblick!

Die Menschen werden neu zusammen finden! Früher sprach man von deutscher Wertarbeit! Davon ist beim Bauen nichts mehr übrig.

Die Baumärkte tragen dafür eine große Verantwortung. Der eine stellt es her, und der andere verkauft es. Beide sind in der Verantwortung, zu schauen, ob es auch lange funktioniert! Der Baumeister übernimmt wieder die Regie!!

96. Lösung: Architektenkammern setzen den U-Wert effektiv durch!

Der Lipperländer Architekt ist froh, dass er nach seinem Studium, in die Sachverständigentätigkeit gewechselt ist! Sonst hätte er wohl auch den Dämmbaustil geplant und bauen lassen!
Viele Architekten sind über das heutige Bauen verunsichert und zahlen immer höhere Haftpflichtbeiträge, wenn die Versicherungen erfahren von der Baurevolution! Die Folge wird sein, das sie Architekten womöglich nicht mehr versichern!
Weil der U-Wert effektiv, mit dem funktionierenden Bauen, die Lösung des heutigen Bauens ist, werden die Architekten schnell umdenken!
Für das funktionierende U-Wert-Effektivbauen braucht der Architekt keine Versicherung.
Man kann nachweislich funktionierendes Bauen planen! Danach ist wirklich der Handwerker oder die Baufirma in der weiteren Verantwortung! Wenn der Architekt die Ausführungsplanung mit den ausführenden Baufirmen macht, kann nichts passieren.
Ein Problem bleibt und das wird sich noch vergrößern, wenn die Architektenkammern nicht umdenken. Es gibt nicht viele Baufirmen oder Handwerker, die noch das funktionierende Bauen kennen und praktizieren.

97. Lösung: Freie und unabhängige Universitäten und Bauschulen!

Die Gesellschaft wird von der Politik, diese Institutionen einfordern! Die Architektenkammern sowie auch die anderen hochgezahlten Kammern, wie Handwerkskammern und Innungen, werden sich ebenfalls an dem funktionierenden Bauen beteiligen! Das wird automatisch passieren, wenn sie den **108. Text** lesen. Wer will schon unter den **100 Prozent** bleiben oder nicht wenigstens in die Nähe, der **100 Prozent** kommen?
Warnung! Wenn eventuell die Kammern und Intuitionen nicht wollen, dann werden sie überflüssig gemacht!

Die Meisterfirmen warten längst auf die Baurevolution und werden alles hinwegfegen, was nicht mitzieht.

Damit die Bauwende zügig geschehen kann, müssen hochqualifizierte Bildungseinrichtungen geschaffen werden!
Die KfW-Bank wird ihre Milliarden anders umverteilen und ein neuer Geist geht durch das Land! Die Diskriminierung des funktionierenden Bauens hat ein Ende!

98. Lösung: Forschungsinstitute unterstützen!

Forschungsinstitute, die schon auf dem Weg des U-Wert Effektivbauens unterwegs sind, müssen endlich staatlich unterstützt werden. Dadurch muss die Forschung ganz neu ausgerichtet werden.
Wer will denn weiter zufrieden sein, mit dem was wir täglich an Baupfusch sehen. Dieses verordnete Kistenbauen hat doch nichts mit schönem Bauen zu tun. Häuser, die in einem gewachsenen Gebiet oder Straße, zwischen zwei schon lange bestehende Häuser gebaut werden, sind Fremdkörper.
Ein altes Haus mit schönen geneigtem Dach ist abgerissen worden. Das neue Haus ist dazwischen gequetscht. Jeder Quadratmeter wurde genutzt, um Wohnraum zu schinden.
Wenn man vom einem Feld aus auf die Wohngegend schaut, sieht man eine Kiste mit häßlicher Fratze! Wer das geplant und gebaut hat, denkt nur an sich und hat keinen Respekt für die umliegende gewachsene Wohngegend!
Dieses Thema gehört auch zur Forschung! Früher mussten in Wohngebieten, alle Dächer die gleiche Neigung haben, mit der gleichen Farbe Dachziegel! Der damalige Eingriff war viel zu groß.
Heute dagegen, kann jeder bauen wie er will! Vor allem in gewachsenen Gebieten sollte viel mehr auf die Struktur geschaut werden!

99. Lösung: Fachkräftemangel löst sich von selbst auf!

Es ist ganz natürlich, dass es den Fachkräftemangel gibt. Wer will schon in eine Baubranche einsteigen, die einen schlechten und schmutzigen Ruf hat. Dazu wird sie viel zu schlecht bezahlt. Die Baufirmen rennen dem Geld hinter her und müssen zum Teil Monate auf ihr Geld warten. Die öffentliche Hand oder die Bahn bezahlen respektlos und brauchen viel zu viel Zeit zum Prüfen.
Andererseits ist das Problem bei den Baufirmen selbst. Die Ausbildung der eigenen Mitarbeiter ist sehr schlecht, weil die falsche Bautechniken lernen mussten, die wenig Spass machen.
Wer hat schon Lust stinkende Styroporplatten zu schneiden, die kratzende Mineralwolle über Kopf zwischen die Sparren zu packen oder

Rigipsplatten an die Wand zu kleben. Alles unnütze schlechte Antihandarbeit!

Der Blick auf das Bauen wird sich mit dem U-Wert-Effektivbauen grundlegend ändern. Da müssen Baufirmen und Handwerker mit viel weniger Baustoffen auskommen. Die Baustoffe sind alle natürlich und haben so schon eine viel höhere Akzeptanz.

Menschen haben Lust gesundes natürliches Holz in die Hand zu nehmen und zu verarbeiten.

Noch ein ganz wichtiger Aspekt ist das, was ein Bauhandwerker sichtbar leistet. Es gibt kaum ein Handwerk, was Produkte über Jahrzehnte oder gar Jahrhunderte für alle Menschen sichtbar herstellen.

Wer schafft schon sichtbar, schicke ansehnliche Häuser! Egal, wo ich bin in Deutschland! Immer wieder sage ich, „schau welch wunderschönes Haus da steht"! Ob Einfamilienhaus oder eine Straße mit Mehrfamilienhäusern, den Jugendstilhäusern!

Wer so viel sichtbar hinterläßt, hat die höchste Bezahlung verdient! Er hat mehr zu verdienen als jeder Computerspezialist, der den ganzen Tag vorm Computer sitzt und nichts Sichtbares leistet.

Einfach neutral und objektiv über dieses Thema nachdenken! Wenn der Lehrling auf dem Bau das höchste Lehrlingsgeld bekommt, dann bekommt er auch sofort Respekt. Der Fachkräftemangel ist hausgemacht und wird sich ändern.

100 Lösung: Lost Places mit jungen Menschen retten!

Unzählige wunderschöne Gebäude, Wohnhäuser oder Villen verfallen, wegen diesem U-Wert-Bauen. Es ist nur dieser grauenvolle U-Wert, der diese milliardenschwere Bausubstanz zerfallen läßt.

Wie viele Abbruchunternehmen reißen alte , aber in der Grundsubstanz gute Häuser ab? Allein im nördlichen Harz, wo viele Lost Places (verlassene Plätze) sind, stehen Gebäudeanlagen, wo Millionen Werte verfallen.

Warum?

Weil nur der verordnete Dämmbaustil zählt! Massive Gebäude werden durch das U-Wert-Bauen diskriminiert! Das ist einfach dumm, verantwortungslos und ohne Respekt, gegenüber dem funktionierenden Handwerk.

Ein altes Ferienheim bei Quedlingburg verfällt seit rund 20 Jahren! Das ist ein Gebäudekomplex mit einer Grundsubstanz, die heute kein Neubau erreicht! Da wuchern seit 20 Jahren die Bäume und Sträucher! Sie schaffen es aber nicht, den Komplex zu überwuchern!

So war der Komplex für mich sichtbar. Es ist ein Objekt, was solide aufgebaut wurde. Dicke Mauern, das untere Geschoss mit Sandstein. Ich habe sofort mit der Stadt Quedlingburg Kontakt aufgenommen, was dieses Objekt denn noch Kosten soll? Viele Jahre geht dieses Objekt, schon den Bach runter. Ich warte nun seit Wochen auf eine Antwort. Die Bürokratie ist himmelschreiend!

Da könnte sehr viel entstehen! Ich würde zum Beispiel, junge Leute finden, die in diesem Gebäude lernen, wie sichtbar das Bauen funktioniert hat und noch funktioniert. Ich würde es mit ihnen, von der Stadt finanziert, wieder aufbauen! Eine freie Bauschule könnte entstehen, eine kleine, feine, freie Bauuniversität! Möglichkeiten gibt es sehr viele!

Diese Gruppe junger Leute würde nach dem fachgerechten Umbau, die **bestbezahlten** Bauexperten sein! Sie würden in ganz Deutschland herumreisen und alte *Lost Places* ins Leben zurückholen! **Plus-Milliarden** schaffen!

Der Ablauf wäre immer ähnlich, da kann nichts schiefgehen. Bauschadensfallen würden diese Gebäude nicht kennenlernen!

101 Lösung: Malermeister geben das Haus auf!

Nach der Einsicht des Malerhandwerks kommt für die Malermeister die Frage, wie weiter?

Ganz einfach! Sie könnten erstmal in eine Situation kommen, in der ich nach dem Jahr 2000 steckte! Die europäischen selbständigen Handwerker kamen aus dem Osten! Sie brachten unseren guten Lohn zum erliegen! Mein Maurermeistertitel, der ca. 1000 Stunden x 30 Euro kostete = 30.000 Euro.

Bafög beantragte ich! Bekam ich aber nicht, weil ich in der DDR schon den Industriemeister gemacht habe. Gab es in der DDR, Bafög? Lächerliche Politik damals!

Wenige Jahre später haute die zweifelhafte Handwerkskammer uns die nächsten Knüppel zwischen die Beine! Die Eintragungen in die Handwerksrolle wurden gelockert. Jeder durfte sich auf dem Bau selbständig machen. Wieder eine Keule gegen unsere Lohnstunde!

Der Dämmbaustil entwickelte sich, heimlich still und leise! Das war wirklich gekonnt von der Industrie! Alle Achtung, für so viele Bauvernichtungs-ideen!

Es war ein jahrelanges Kämpfen gegen eine große übermächtige Dämmindustrie.

Der Supergau kam für mich 2007! Damals hat in Bremen, ein einstiger Vermessungsingenieur, einen Vortrag über Feuchte- und Schimmel-schäden gehalten. Er hat nichts anderes gemacht, als in einem seiner Urlaube, das Buch von *Prof. Claus Meier, „Richtig Bauen"* gelesen. Daraus bastelte er nicht nur diesen Vortrag! Sondern er schaffte es, uns überwiegend freien ca. 60 Sachverständigen, das Bauen um die Ohren zu hauen! Ich, als Maurermeister und eingefleischter Praktiker, verstand die heißen Ohren! Daraus entwickelte sich, meine eigene Baurevolution im Kopf!

Diese eigene Baurevolution mündete in eine Auftragsarmut, weil ich keine Dämmstoffe mehr verbaute! Der ganze Zustand gipfelte in Depressionen und die Gedanken, um den eigentlichen Sinn des Lebens.

Warum sich Menschen immer wieder selbst umbringen und vor Züge schmeißen, konnte ich mir immer besser vorstellen! Denn weit war ich davon nicht mehr entfernt.

Der liebe Gott hatte mir aber zum Glück, nie die Kraft gegeben! Gerade heute beim Schreiben, wo ich die **100 Prozent-Haus-Idee** habe, durchlebe ich diese grauenvollste Zeit, meines Berufslebens nochmal!

Ich hatte es damals geschafft, mein Buch, „Dämmbaustil oder Baumeisterkunst?" zu schreiben. Der damalige Referent des Seminars, hat in meinem ersten Buch, das Geleitwort geschrieben. Er hat die Grundlage gelegt, für die heutige Baurevolution! Es war genau vor 10 Jahren! Ich verbrachte tagelang vor dem Computer. Mit viel Rotwein und schlechtem Essen! 30 kg wog ich damals mehr als heute. Das waren alles Begleiterscheinungen! Machtvolle dumme (Sie mögen mir verzeihen!) Malermeister, die sich hinter dem Dämmbaustil versteckten, beschimpften mich auf das übelste. Ein Dämmarchitekt hat mich sogar als Demagoge bezeichnet!

Liebe Malermeister! Warum sollte ich vor irgendetwas Rücksicht nehmen, wenn es um das gesunde Haus geht?

102. Lösung: Meine Lösungsideen für Malermeister!

Was wird aus dem Malerhandwerk, in Verbindung mit dem Wohnhaus? Der Maurermeister oder Bauingenieur, wenn er ein 100 Prozent funktionierendes Einfamilienhaus plant und baut, braucht er keinen Malermeister.

Ich plane demnächst dieses Haus! Es steht in genügend Büchern, dass das Haus keinen Malermeister benötigt! Was ist 100 Prozent funktionierendes Haus?

Diese Frage, bringt mir die letzte große Überschrift des Buches! Darauf habe ich immer gehofft! Wenn ein Mensch zu **100 Prozent** die Wahrheit sucht, nach den Prinzipien der Liebe, der Einheit, des Lebens, mit Respekt, in Aufrichtigkeit, sowie Güte und Gerechtigkeit, dann kommen solche revolutionären Ideen in den menschlichen Geist. Der Sinn ist schnell verstanden!

Nun die wichtigsten Lösungsideen für den Malermeister:

1. Eine der wichtigsten Aufgaben der Malermeister besteht darin, dass sie sich verpflichten, die verkauften Wärmedämmverbundsysteme, wieder zurück zu bauen und zu entsorgen! Dafür bekommen sie von den geschädigten Hausbesitzern kein Geld!

Das finanziert die KfW-Bank! Diese Bank finanziert mit den gedruckten Euroscheinen diese Maßnahmen. Das ist die Wiedergutmachung gegenüber den geschädigten Menschen, der Natur und der Erde!

Die Bank heißt dann nicht mehr so wie heute! Sie kann „Kreditanstalt für Wiedergutmachung" heißen oder „Kreditanstalt für WDVS-Korrektur" oder sonst wie!

Je mehr diese Malermeister gedämmt haben, müssen vielleicht noch ihre Kinder, den verzapften Dämmirrtum ihrer zumeist Väter, zurückzahlen!

2. Was ich manchmal nicht verstehe! Malerfirmen streichen viele ungedämmte Fassaden. Wieso werden die Fassaden nicht auch gedämmt? Da ist immer eine Diskrepanz! Es geht wirklich nur ums Geld verdienen! Dabei werden auch etwas unansehnliche, aber sehr gut funktionierende Edelputzfassaden „verstrichen". Viele dieser gestrichenen Fassaden werden mit Farbenfräsen abgefräst und geöffnet. Oder der Putz wird von innen abgeschlagen und ein neuer Kalkputz wird hergestellt. Das würde mit einem Dreilagenputz geschehen!

Nach dem Abfräsen der Oberfläche, kann mit einem sehr gut funktionierenden Kalkputz-Reparatursystem, die Fassade für Jahrzehnte gesichert und schön gemacht werden!

Wenn der Malermeister diese Arbeiten nicht kann, dann gibt es zwei Möglichkeiten. Seine Angestellten Menschen lernen sofort, die richtigen Handlungsweisen für eine reparaturbedürftige Fassade! Die Herstellung von Kalkputzen ist sehr einfach zu verstehen. Die Putze können individuell auf der Baustelle zusammen gemischt werden! So ergeben sich die verschiedensten Kalkputzoberflächen mit Glimmer und anderen guten Zusatzstoffen!

Mit diesem nichtwiderlegbaren Wissen werden die Fassaden mit äußerstem Respekt behandelt! Alle Baustoffe, die Verwendung finden, kann der Muttererde, wieder problemlos zurück geführt werden! Das ist höchster Klimaschutz, Ihr grünen „Möchtegernklimaretter"! Da warte ich auf die Antwort vom Tübinger Bürgermeister! Ich weiß nicht genau, ob er noch am liebsten alle Gebäude zudämmen würde, um das Klima zu retten. Wenn das Dämmen nachweislich dazu führen würde, dann würde ich die Baurevolution nicht machen!

3. Eine dritte Möglichkeit, wirkungsvoll und auch klimaschonend, ist die Holzfenster-Reparatur! Unzählige gut erhaltene, aber leider „verstrichene" Holzfenster, vergammeln unter der Industriefarbe. Auf der immer kleiner werdenden Denkmalmesse in Leipzig, werden immer wieder die natürlichsten Instandsetzungssysteme für Fenster vorgestellt! Die nächste Denkmalmesse, ist erst wieder im nächsten Jahr, 2020!

Daran sieht man, das die Industrie, das Fenster, fast zu 100 Prozent in der Hand behält. Kunststofffenster werden nie klimaneutral! Sie werden durch sinnlose und klimaschädliche Verordnungen, immer schneller gewechselt. Erst vom Holzkastenfenster, zum zweifachen Plastikfenster! Zur Zeit haben es Klimaangstmacher geschafft, die „Dämmwerte" weiter nach oben zu treiben. Dadurch werden die Zweifachfenster in rasenden Tempo auf Dreifachfenster gewechselt. Die ersten **Vierfachfenster,** sind auf dem Markt. Wenn durch die Baurevolution kein **Stopp** erreicht wird, dann kommt ungehindert die Vierfachwelle.

„Dümmer geht Bauen nimmer!"

Das sind drei große Möglichkeiten für Malermeister, die jetzt ganz sicher aufschreien werden! Ich habe das Leben in allen Lagen erfahren! Es ist immer ein Stück Heilung, wenn der Mensch einsieht, das der Weg immer verbesserungswürdig ist!

103. Lösung: Investoren und Stiftungen unterstützen das Handwerk!

Es war für mich ein großer Moment, als ich mich am 1.März durchrang einem Milliardär einen Brief zu schreiben. Auf Büttenpapier, mit Füller, als Linkshänder, schreibe ich aber mit der rechten Hand diesen Brief. Ich werde vier Briefe an die größten Milliardäre, des Landes schicken, die Baurevolution zu unterstützen.
Alle verstecken ihre Milliarden in Stiftungen, damit der Staat, keinen Zugriff bekommt. Es sind sehr persönliche Briefe! Als die erste Post, sehr schnell im Briefkasten war, hatte ich ein gemischtes Gefühl! Der netten Absage, folgten noch zwei Absagen!
Weitere 10? Briefe folgten von mir an Investoren, vorwiegend aus der Baubranche. Ein Investor rief mich an und verstand meinen Brief nicht!
Ich wartete gespannt, bis zum 2. Mai diesen Jahres, um das erste Jahr der Baurevolution abzuschließen.
Die logische Folge! Ist die nun geschriebene Baurevolution! Ich nehme es keinem Milliardär oder Investor übel, weil ich nicht die eine oder andere Million bekommen habe.
Diese geschriebene Baurevolution, hat mich zum 100 Prozenthaus gebracht. Das ist mehr Wert, als jede Milliarde, auch wenn es mir niemand glaubt. Das materielle Leben, mit Golf spielen, Mustang fahren, oder Dubai-Urlaub, machten mich nie richtig glücklich!
Meine geschriebene Baurevolution, ist die Bestätigung dafür! Darin steckt mein materielles Vermögen und geistiges Wissen.

104. Lösung: Rückbau des Sondermüllbauens!

Die Menschen, die Gesellschaft werden die Verantwortlichen des Landes, dazu bringen, für aller Wohl zu handeln. Viele meiner Lösungsmöglichkeiten werden in den nächsten Wochen, gelesen, beschimpft, bedacht, verändert oder verbessert!
Das 100 Prozent-Haus wird die Baumeister, Architekten und Bauingenieure zu neuem Denken veranlassen!
Die Kunden werden den Dämmbaustil nicht mehr beauftragen! Jeder darf sehr schnell diese Baurevolution leben! Wer sie ignoriert, hat verloren!
Der Erneuerung der Gesellschaft geht durch alle Bereiche. Das Ellbogendenken und Handeln hat ein Ende. Wir haben keine Möglichkeit zu überleben, solange es Parteien gibt! Jede Partei kämpft gegen andere Parteien! Wenn zwei Parteien gegeneinander kämpfen, verliert immer eine Partei! Bei Tieren ist es meist tödlich! Gemeinsam mit der Gemeinschaft können wir es schaffen.

105. Lösung: Wärmebildkamera - Schwindel objektiv nutzen!

Die bunten Bilder von Fassaden, sind irreführend und nicht zu gebrauchen. Die Bilder entstammen einem Denkmodell, was sich „gebildete" Menschen ausgedacht haben, um den Dämmbaustil zu verkaufen! Konrad Fischer beschreibt es auf seiner Seite schon sehr ausführlich!
Der Lipperländer Architekt bringt mich immer mehr zum Staunen. Denn seine Wärmebildkamera, die so aussieht, wie ein Smartphone, bringt ganz andere wundervolle Bildchen hervor. Sie entlarvt das dumme Denkmodell der Dämmer! Sie bringt zu allen Zeiten und aus allen Himmelrichtungen, bahnbrechende Erkenntnisse zu Tage!
Damit bricht das Denkmodell, der Dämmer endgültig zusammen. Es ist ganz einfach und logisch. Denn die bunten Bilder der Fassaden werden im Winter sehr zeitig am Morgen gemacht. Da stellt sich der Raureif auf den Dämmfassaden, für jeden sichtbar, ein. Es glitzert und schimmert an diesen Fassaden! An sehr kräftigen Farben kann man es sehr deutlich sehen. Der Raureif ist sehr unterschiedlich zu sehen. In Eckbereichen, ist der ansonsten dünne Putz etwas dicker. Da zeigt sich weniger oder kaum der Reif. Das zeigt an, wo die Wärme länger auf der Fassade bleibt.
Der Lipperländer Architekt zeigt ganz deutlich auf, dass ein Dämmbaustil, nie eine Zukunft haben wird. Wir werden eine wissenschaftliche Arbeit vorlegen, die jeder Uniprofessor, den Studenten erklären kann. Da die Logik gewinnt, bleibt nichts übrig vom Dämmbaustil!

106. Lösung: Zukunft Tiny-Häuser, nur ohne Gesetzgeber!

Die Politik und vor allem die „Grünen" schreien nach der Klimaschutzrettung! Was ist Klimaschutz? Tiny-Häuser ist Klimaschutz! Dort finden sich Menschen, die sich mit viel weniger Wohnraum begnügen! Viele würden so nah wie möglich autark leben wollen! Die Politik beißt sich dabei in den eigenen Schwanz. Denn autark Leben scheitert schon an den gesetzlichen Forderungen! Die Anschlüsse an die öffentlichen Versorgungsnetzte müssen trotzdem realisiert werden!
In Hannover gab es im Juni den ersten Visionskongreß von Eco-Village. In einem halben Jahr entstanden Arbeitsgruppen und viele Ideen, wie Tiny-Häuser oder Siedlungen entstehen können. Da sind Menschen unterwegs, die auf viel Wohnraum verzichten wollen. Dafür gibt es in Hannover keinerlei Grundlage. Der Strom- und Wasseranschluss, sowie Abwasseranschluss müssen trotzdem angeschlossen sein.
Ökologisch soll gebaut werden! Die Stadt Hannover gibt den Energiestandard der Gebäude vor. KfW 55-Standard! Die Stadt gibt vor die Qualitätssicherung durch Büros begleiten zu lassen, zum Beispiel bei Lüftungs.- und Luftdichtigkeitsnachweisen.
Auf dem Kongress stellte sich eine zukunftsweisende Frage!
Was macht das Projekt, als Vorhaben und zukünftigen Standort unverwechselbar?
Durch die Baurevolution wird das Projekt unverwechselbar! Denn mit dem Bauen nach dem U-Wert effektiv, gelingt endlich funktionierendes Massivbauen, mit Holz und Stein!
Es gibt in den Arbeitskreisen Menschen, die planen und die Tiny-Häuser bauen. Aber auch viele Menschen, die in die Tiny-Häuser investieren oder einziehen wollen.
Was haben die Menschen davon, wenn genauso nach dem falschen U-Wert geplant und gebaut wird? Was haben sie davon, wenn das theoretische U-Wert-Bauen nicht funktioniert oder viel zu hohe Risiken für die Zukunft beinhaltet?
Durch den U-Wert effektiv werden die Wanddicken geringer und außerdem die Speicherfähigkeit höher. Das heißt, die Wärme bleibt viel besser in den Häusern! Mit der richtigen Strahlungsheizung kommt das Tiny-Haus dem 100 Prozent Haus immer näher!

107. Lösung: Heizkörper fliegen raus!

In ein perfektes Haus gehört eine perfekte Heizung. Es geht nicht um das Wechseln des Heizkessels. Sondern, wie kommt die Wärme an unseren Körper?

Entweder mit der ungesunden Heizungsluft, durch die Heizkörper oder der Fußbodenheizung! Auch wenn die Heizungsbauer dabei von hocheffizienten Heizungen sprechen, es bleibt die ungesunde Heizungsluft, die zu gesundheitlichen Beeinträchtigungen führt. Da seit Jahrzehnten, keine Alternativen entstanden sind, bringe ich welche. Diese müssen nur noch von den Heizungsbauern richtig gerechnet und montiert werden!

Wenn von allen begriffen wurde, dass nur die Strahlungsheizung, die einzig richtige Heizungsform ist, dann werden die Heizkörper in Massen aus den Häusern fliegen!

Die Alternativen sind überwiegend handwerkliche ganz einfache Ideen! Mit Heizungslieferanten und Monteuren bin ich in ständigen Diskussionen, wie die Wärme besser an unsere Körper kommen kann.

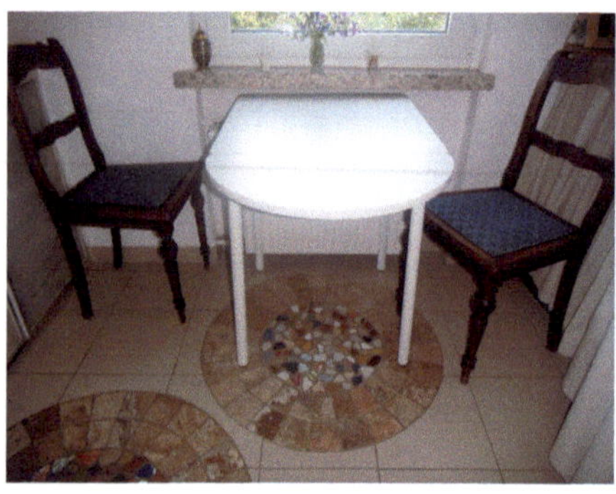

Foto: Jaskulski - Kalte Füsse durch den Heizkörper! Heizkörper fliegt raus und dann kommt die 100 Prozent-Lösung! = Warme Füsse!

Heizkörper werden abgebaut. Wenn Nischen vorhanden sind, können diese Flächen genutzt oder zugemauert werden! Sonst können zum Beispiel mit Fermacellplatten, Verbundrohren und Kalkputz, Heizungsflächen entstehen! Die Größen oder Flächen müssen durch verschiedene Vorlauftemperaturen, durch Rechnen und Versuchsflächen ermittelt werden!

Durch jahrelanges, ungesundes Heizkörperwechseln sind Entwicklungen richtigen Heizens, verschlafen worden.

Die richtige Heizungsform ist eine Grundlage zum 100 Prozenthaus!

Bei der Herstellung von Strahlungsheizflächen ist die Handwerksarbeit, also der Lohnanteil, viel höher als für die Industrie. Die Heizungsbauer, bauen überwiegend die ungesunden Heizkörper ein. Sie wissen zu wenig, um die Strahlungsheizung und um die Möglichkeiten, den Menschen die gesunde Wärme zu liefern.

108. Die genialste Lösung, das 100 Prozent Haus!

Das funktionierenste Haus, erreicht die 100 Prozent!

Das Haus wird die 100 Prozent erreichen, weil ich die 100 Prozent vorgebe. Die Vorgaben sind gesunde Prinzipien für das Haus, wie
- Natürlichkeit
- Funktionalität über Generationen
- Garantierte Bauschadensfreiheit in den nächsten 10 oder 20 Jahren!
- Wirtschaftlichkeit
- Bauphysikerklärung, die jeder Mensch versteht
- Baustoffe aus den jeweiligen Regionen

Das ist der Moment, wo der Seelenplan, uns Menschen hinführen kann! Ein herrlicher Moment!
Ich gebe als Maurermeister, der 40 Jahre mit seinen Händen und der Kelle unterwegs ist, die Vorgabe für das 100 Prozent Haus! Ich wage das 100 Prozent Haus! Gedacht habe ich es schon sehr lange.
Der Lipperländer Architekt war im Januar bei meinem 3. Vortrag in mein Leben getreten. Seitdem hat meine Baurevolution Flügel bekommen! Auch das perfekte Holzhaus ist mittlerweile in unseren Köpfen! Ein wenig *Holz100-Haus*, ein Stück vom *Schuster-Holzhaus*, anderen Herstellern und unsere eigenen Zutaten reichen, um es auf das Papier zu bringen! Dazu kommt einfach das Nichtlobbyholz „Fichte"! Fertig ist das perfekte und günstigste 100 Prozent Holzhaus!
Weil Holzhaus und Steinhaus immer die Menschen etwas gespalten haben, werde ich das 100 Prozent Haus aus Holz und Stein beschreiben! Ein gutes Steinhaus kann nach dem Hochwasser immer noch stehen und trocknet wieder! Ein Holzhaus gut geplant, könnte beim Hochwasser vielleicht schwimmen und Menschen eine Rettungsinsel geben!
Ich werde mein Wissen, was ich von unzähligen Persönlichkeiten dankbar erhalten habe, in diese 100 Prozent Häuser stecken. Daraus entsteht ein Haus, aus dem Fundus, was jedem Menschen vorliegt! Das Allwissen für ein gesundes Haus ist vorhanden und von jedem Menschen abrufbar!
Von 2007 bis heute 2019 habe ich das Bauen studiert und verstanden. Ich erkläre in einem Holz- und Steinhaus gleichermaßen alle wichtigen bauphysikalischen Zusammenhänge.
Wie funktioniert das eine Haus oder andere Haus, mit dieser oder jenen Heizungsform? Warum benötigt ein Wohnhaus keine Gebäudelüftungsanlage? Man bedenke immer, welche Auswirkungen eine Klimaanlage im Haus, auf die Gesundheit der Menschen hat. Im Auto kann das jeder täglich an heißen Tagen erleben!

Ich plane und beschreibe dieses Wohnhaus. Danach bespreche ich es mit dem Lipperländer Architekt! Er ist auf dem gleichen Weg wie ich. Mit ihm macht die Baurevolution, eine wahre Freude.
Den Bauentwurf, werde ich beim Bauamt in Hannover-Langenhagen durchsprechen! Dann werden aus Nullprozenthäusern, 100 Prozenthäuser!

Alles wird an 100 Prozent gemessen. Ich habe den Anspruch die 100 Prozent zu erreichen. Der Lipperländer Architekt ebenfalls. Der Kunde hat einen Anspruch die 100 Prozent zu bekommen.

Literaturverzeichnis:

- *Lipperländer Architekt,* www.bauteam-lippe.de
- *www.die-baurevolution.de*
- Buch:*„Dämmbaustil oder Baumeisterkunst?",* Verlag Haag und Herchen, 2009, www.haagundherchen.de
- *Buch „Richtig Bauen" von Prof.Claus Meier, Expertverlag 2006*
- *Buch „Phänomen Strahlungsheizung" von Prof.Claus Meier, Expertverlag 2009*
- *Lichtenfelser Experiment,* www.clausmeier.tripod.com, 2002
- *Christian Ritter, mein Lehrmeister 1979*
- *„Lehrbuch des Maler- und Lackierer-Handwerks" ,1940 Herausgegeben vom Reichsinnungsverband*
- *Albert Ringlstetter, „Der Weg zum richtigen Haus", Verlag DVA, 2004*
- *Architekten Konrad Fischer, www.konrad-fischer-info.de*
- *„Bau-Nutzungskosten" 2006 und „Atlas - Bauen im Bestand" 2008, herausgegeben Institut für Bauforschung e.V.*
- *Bürgerlichen Gesetzbuch steht ausdrücklich im Paragraph 555b Modernisierungsmaßnahmen*
- *Strafgesetzbuch § 263 StGB >Betrug< (Internet: www.gesetze-im-internet.de/stgb)*
- *Handbuch Passive Nutzung der Sonnenenergie" von Koblin 1984!*
- Buch: *„Gespräche mit Gott von Neale D. Walsch,* Verlag: Goldmann Arkana
- wikipedia.org*!*
- *Alfred Eisenschink,* Buch *„Falsch geheizt ist halb gestorben!" (Reschverlag) 1994*
- *„nachaltiges-bauen.de"*
- *„Baukonstruktionslehre Teil 2" (Teubner-Verlag) von 1998*
- *Dipl.-Ing. Friedrich Eichler,* Buch: *„Praktische Wärmelehre im Hochbau" von 1964*
- *Lost Places, vergessene Orte, wie alte Gebäude die verfallen*
- Schuster-Holz, www.schuster-holz.de
- *Holz100, www.thoma.at*

<u>**Danke**</u>

Ich bin allen Menschen dankbar, die irgendwann in mein Leben getreten sind, durch die ich wachsen konnte, die mich kritisierten, die mir halfen, die mich motivierten und mich stärkten.
Ganz besonderen Dank, gilt den lieben Menschen, die in den letzten Jahren, mir helfend zur Seite standen. Einige haben viele besondere und blockierende Steine aus meinem Weg geräumt, damit ich die Baurevolution starte und nun beschreibe!